LA Digital Publications presents *Armenian II: Reading and Vocabulary Practicum* for children.

WHAT IS THIS PROGRAM ABOUT? This is volume II of the first structured reading program in Armenian spanning across 87 levels of progressive complexity. *Armenian II* is the **intermediate** volume of the program comprising 30 levels called "modules." Each module consists of a text accompanied by multi-leveled questions targeting comprehension as well as word-study and vocabulary. In this volume, children will continue their reading journey with realistic fiction, and they will also learn some fascinating facts about history and culture through relatable and memorable stories.

WHO IS THIS VOLUME FOR? This intermediate-level set of 30 modules is designed for children who have completed volume I. It is also suitable for those who can read longer sentences (minimum of 10 words) and are able to process one-page long texts and wish to continue improving their reading, vocabulary, and comprehension skills.

HOW DOES THIS PROGRAM WORK? This program is based on a readability formula developed specifically for the Armenian language. Each volume begins with simpler texts and shorter sentences as well as easier high frequency words. The texts become increasingly more complex, with new vocabulary and syntax structures gradually being added.

WHAT WILL YOUR CHILD LEARN BY COMPLETING VOLUME II? By the end of Part 3 of this volume, children will recognize a larger core of high-frequency words as well as stretches of both simple and split dialogue. Children will learn to process some longer sentences – more than ten words – with prepositional phrases, adjectives, and dialogue, including more variations of compounded sentences. Children will get more used to processing text patters that are particular to written language.

# Մակարդակ 1

## Մոդուլ 1.1

Հանսի մայրը Կանադայից է, իսկ հայրը՝ Ավստրիայից: Հանսը խոսում է և՛ անգլերեն, և՛ գերմաներեն: Շատ մարդկանց համար այս երկու լեզուները բոլորովին տարբեր են: Բայց ահա Հանսը հաճախ է զարմանում՝ որքան նման են նրանք: Քնելուց առաջ Հանսի հայրը նրան բարի գիշեր է մաղթում գերմաներեն՝ «Գութը նախթ»: Մայրը նույնն անգլերեն է մաղթում նրան՝ «Գուդ նայթ»: Հանսը երեք տարեկան է. գերմաներեն՝ «դղայ», իսկ անգլերեն՝ «թրի»: Հանսը գերմաներեն խնդրում է՝ «Գիբ միր», այսիքն՝ «Տուր ինձ», իսկ անգլերեն դա ինչում է՝ «Գիվ մի»:

Բավականին շատ լեզուներ իսկապես համատիպ են: Դա նկատել էր նաև բրիտանացի իրավաբան Վիլյամ Ջոնսը դեռևս 250 տարի առաջ: Նա հաստատեց, որ շատ լեզուներ առաջացել են մի ընդհանուր նախալեզվից. դրա համար էլ նրանք նման են: Վիլյամ Ջոնսը ծայրասահիճան խելացի մարդ էր. նա խոսում էր 28 լեզուներով և հիանալի կերպով ծանոթ էր արևելյան շատ երկրների կուլտուրաներին:

1783 թվականին Ջոնսը ուղևորվում է դեպի Հնդկաստան, որտեղ սկսում է աշխատել որպես դատավոր: Այդ ժամանակ Հնդկաստանում բազմաթիվ օրենքներ գրված էին սանսկրիտերեն: Սանսկրիտը՝ դա անտիկ լեզու է, որով խոսում էին ժամանակակից հնդուականների նախնիները: Ամենահետաքրքիրն այն է, որ սանսկրիտը՝ դա մեռած լեզու է, որովհետև այն վաղուց դադարել է օգտագործվել:

Վիլյամ Ջոնսը որոշեց սովորել այդ լեզուն: Նա ապշած էր՝ պարզելով, թե որքան նման էր սանսկրիտը մյուս լեզուներին: Օրինակ՝ սանսկրիտերեն հայրը ինչում է ինչպես «պիտեր», հունարեն՝ «պատեր», իսկ լատիներեն՝ «պիտեր»: (Ուշագրավ է, որ Յուպիտեր մոլորակն

անվանել են ի պատիվ հռոմեական գլխավոր աստծո: Բառն ինքնին` «յու-
պիտեր», սկզբնական շրջանում նշանակել է «երկնային հայր»):

Ջոնսի այս գաղափարը` համեմատել սանսկրիտը այլ լեզուների
հետ, դուր եկավ ուրիշ լեզուներ ուսումնասիրողներին, որոնց անվանում
են լեզվաբաններ (լինգվիստներ): Լեզվաբաններն առանձնացրին
լեզուների մի խումբ` սանսկրիտին նմանվող: Նրանք դա անվանեցին
հնդեվրոպական լեզվաընտանիք: Այս խմբի մեջ մտնում են այնպիսի
լեզուներ, ինչպիսիք են սանսկրիտը, լատիներենը, հունարենը,
ռուսերենը, գերմաներենը, անգլերենը, ֆրանսերենը, հայերենը և որոշ այլ
լեզուներ: Հատկանշական է, որ ոչ բոլոր եվրոպական լեզուներն են
կապակցված: Օրինակ` ֆիններենը, հունգարերենը, էստոներենը,
ինչպես նաև մալթերենը, բասկերենը, վրացերենը, ունեն այլ
ծագումնաբանություն:

Ենթադրվում է, որ մի քանի հազար տարի առաջ Եվրոպայի
հարավ -արևելքում գոյություն են ունեցել մարդիկ, որոնց լեզուն դարձել է
ժամանակակից բոլոր հնդեվրոպական լեզուների աղբյուրը: Ժամանակի
ընթացքում այս մարդիկ սկսել են վերաբնակեցնել մայրցամաքի տարբեր
կետեր: Դրանց մի մասը հիմնավորվել է այնտեղ, որտեղ այժմյան
Հնդկաստանն է գտնվում: Մյուս մասը` այնտեղ, որտեղ Ռուսաստանն է և
Եվրոպայի մեծ մասը: Աստիճանաբար աշխարհագրական տարբեր
տեղերում լեզվի սկզնադբյուրը սկսեց փոխվել: Բայց յուրաքանչյուր տեղ
այն փոխվեց յուրովի: Հազարամյակների ընթացքում փոփոխություններն
այնքան ցայտուն դարձան, որ տարբեր տեղերի մարդիկ սկսեցին
չհասկանալ միմյանց: Այսպես, մեկ նախալեզվից առաջացան
միանգամայն նոր լեզուներ:

Չնայած այն բանին, որ այս բոլոր լեզուները սկսեցին ժամանակի
ընթացքում խիստ տարբերվել միմյանցից, նրանք շարունակում են
ունենալ բազմաթիվ նման բառեր և կանոններ: Մարդիկ, որոնք

տիրապետում են մի քանի լեզուների, ինչպես օրինակ՝ Հանս անունով տղան, անկասկած նկատում են այդ նմանությունները:

1.    Ինչի՞ մասին է խոսվում տեքստի մեջ.

•    Այն մասին, որ Հանս անունով տղան կարող է սանսկրիտերեն սովորել:

•    Այն մասին, որ շատ լեզուներ նման են, քանի որ նրանք առաջացել են մի ընդհանուր նախալեզվից:

2.    Ինչո՞վ է հայտնի Վիլյամ Ջոնսը.

•    Նա ենթադրում էր, որ սանսկրիտը և որոշ եվրոպական լեզուներ առաջացել են մի ընդհանուր աղբյուրից:

•    Նա արդարամիտ դատավոր էր:

3.    Ինչպե՞ս Վիլյամ Ջոնսը սահմանեց, որ սանսկրիտ և հունարեն լեզուները նման են.

•    Նա համեմատեց այս լեզուները և նրանց մեջ գտավ նման բառեր:

•    Ջոնսը չէր կարծում, որ սանսկրիտ և հունարեն լեզուները նման են:

4.    Ո՞ր եվրոպական լեզուները չեն հաղիսանում հնդեվրոպական լեզվաընտանիքի մաս.

•    սանսկրիտ, լատիներեն, հունարեն, ռուսերեն, գերմաներեն, անգլերեն, ֆրանսերեն, հայերեն և որոշ ուրիշներ:

- ֆիններեն, հունգարերեն, էստոներեն, մալթերեն, բասկերեն և վրացերեն լեզուներն ունեն այլ ծագումնաբանություն:

5.    Ինչո՞վ կարելի է փոխարինել «ապշած» բառը «Նա ապշած էր, երբ հասկացավ, թե որքան նման  էր սանսկրիտը մյուս լեզուներին...» նախադասության մեջ.

- գարմացած
- վշտացած

6.    Ո՞ր տարբերակն է իր իմաստով հակադիր «համատիպ» բառին «Բավականին շատ լեզուներ իսկապես համատիպ են» նախադասության մեջ.

- նման
- տարբեր

7.    Լրացրե՛ք բաց թողնված բառերը.

ուրախացնու է    դեղատուն    երանության

- Տատիկը գնաց ____________՝ դեղերի հետևից:
- Կիրակի օրերը հայրիկը մեզ ____________ նրբաբլիթներով:
- Հանդիսատեսները ——————— մեջ ընկան՝ դիտելով ներկայացումը:

# Մոդուլ 1.2

Կիրակի օրը մայրիկը Լիլիթին տարավ ժամանցի այգի: Լիլիթն այդ օրվան սպասել էր մի ամբողջ շաբաթ: Նա գիտեր, որ այգում իրեն սպասվում են շատ ուրախ ատրակցիոններ և աշխարհի ամենահամեղ քաղցր բամբակը:

Լիլիթն ու մայրիկը ժամանցի այգի եկան ավելի վաղ, երբ դեռ այրքան էլ շոգ չէր: Նրանք անմիջապես գնացին դեպի Լիլիթի սիրելի ատրակցիոնը՝ ամերիկյան լեռնակները: Լեռնակով սահելուց հետո մայր ու աղջիկ գնացին նայելու լճակի կարապներին: Այնտեղ էլ նրանք որոշեցին, թե հաջորդը ինչ ատրակցիոն արժի փորձել:

Լիլիթը նույնիսկ չնկատեց, թե ինչպես թռավ օրվա կեսը: Մայրիկի հետ միասին նրանք նստեցին բոլոր ատրակցիոնները, զբոսնեցին այգում, և նույնիսկ մրցանակ շահեցին. մի հսկա փափուկ կատու: Այդ հաղթանակից հետո մայրիկը Լիլիթի համար գնեց խոստացած քաղցր բամբակը:

Երբ հասավ տուն վերադառնալու ժամանակը, Լիլիթն ու մայրիկը գնացին դեպի այգու գլխավոր ելքը: Այդ ժամանակ Լիլիթը շատ էր հոգնել: Նա հույս ուներ, որ անմիջապես մեքենա կնստի ու տուն կգնա: Սակայն դարպասներից այն կողմ մեքենաներ չկային, փոխարենը տեսանելի էր կանաչ, հսկայական մարգագետինը:

—Մայրի՛կ, իսկ որտե՞ղ է մեր մեքենան,— զարմացած հարցրեց Լիլիթը:

—      Մեքենան կայանատեղում է,— բացատրեց մայրը: — Մենք պետք է կտրենք- անցնենք այս մարգագետինը, որպեսզի հասնենք այնտեղ:

—      Իսկ ինչու՞ են կայանատեղին այսքան հեռու կառուցել: Ես էլ ուժ չունեմ՛ քայլել մինչև մեքենան:

—        Հավանաբար չեն ցանկացել, որ մեքենաներն այդուց այսքան մոտ կանգնեն: Չէ՛ որ օղն այնքան թարմ ու մաքուր է այգում: Դե գնացի՛նք... Պետք է հասցնենք  տուն հասնել ընթրիքին:

Բայց Լիլիթը համառում էր և շարունակում նվնվալ ու բողոքել: Մարգագետինը մեծ էր: Լիլիթին թվում էր` այն ուղքով հատելն իր ուժերից վեր է այդպիսի ուրախ օրից հետո:

Մի քանի րոպե շարունակ մայրիկը նայում էր մեկ Լիլիթին, մեկ մարգագետնին: Իսկ հետո նա Լիլիթին առաջարկություն արեց, որից դժվար թե հրաժարվեր նույնիսկ ամենահոգնած երեխան: Մարգագետինը ուղքով անցնելու փոխարեն` Լիլիթը պետք է «գլխկոնծի տալով» հասներ վերջին... Լիլիթի աչքերը փայլեցին և, ի զարմանս իրեն, նրա ուժերը վերականգնվեցին: Նա ինքն էլ չհասկացավ, թե որտեղից իր մեջ բարձրացավ էներգիայի այդ հանկարծակի ալիքը:

Լիլիթն առույգ քերպով սկեց գլխկոնծի տալ դեպի կայանատեղին: Մայրիկը դժվարությամբ էր հասնում  նրա ետևից: Երբ նրանք նստեցին մեքենան, մայրն ասաց.

—Կեցցե՛ս... Գլխկոնծի տալով հաղթահարեցիր այս ոչ կարճ տարածությունը: Բայց ինչպե՛ս ուժերդ ներեցին: Չէ որ դու սկզբում նույնիսկ քա՛յլ չէիր կարողանում անել...

Լիլիթը նույնպես գլուխ չէր հանում: Նա մտքերի մեջ ընկավ, հետո պատասխանեց.

—Գիտե՛ս, մայրի՛կ, ուղղակի` իսկա մարգագետնի միջով քայլելն անտանելի ձանձրալի զբաղմունք է: Իսկ երեխաներր,  հավանաբար, ձանձրալի բաների համար ուժ չեն ունենում: Ա՛յ, գլխկոնծի տալը` բոլորովին ա՛յլ բան է...

1.	Ինչի՞ մասին է խոսվում տեքստի մեջ.

•	Այն մասին, թե ինչպես մայրիկն ու Լիլիթը իրենց օրն անց կացրին ատրակցիոնների այցում:
•	Այն մասին, թե ինչպես Լիլիթը սովորեց գլխկոնծի տալ մարմնամարզության ժամանակ:

2.	Ինչու՞ էր Լիլիթը մի ամբողջ շաբաթ սպասում ժամանցների այգի գնալուն.

•	Որովհետև Լիլիթը երազում էր այնտեղ գլխկոնծի տալ:
•	Որովհետև ժամանցի այգում շատ ատրակցիոններ կային,և քաղցր բամբակ էր վաճառվում:

3.	Ի՞նչ միտք ծագեց մայրիկի գլխում, երբ Լիլիթը չէր ցանկանում քայլելով հասնել կայանատեղի.

•	Մայրն առաջարկեց Լիլիթին՝ նստել խոտերի վրա և հանգստանալ:
•	Մայրն առաջարկեց Լիլիթին՝ «գլխկոնծի տալ» մինչև կայանատեղի:

4.	Ինչու՞ էր Լիլիթի համար «գլխկոնծի տալը» մինչև կայանատեղի ավելի հեշտ, քան քայլելը.

•	Որովհետև «գլխկոնծի տալու» համար Լիլիթն ավելի քիչ ուժ է ծախսում, քան քայլելու:
•	Որովհետև հետաքրքիր զբաղմունքների համար նրա մոտ ուժ է գտնվում նույնիսկ այն ժամանակ, երբ նա հոգնած է լինում:

8

5. Ինչո՞վ կարելի փոխարինել «նվնվալ» բառը «Բայց Լիլիթը համառում
էր և շարունակում նվնվալ ու բողոքել» նախադասության մեջ.


- խռմփացնել
- լաց լինել


6. Ո՞ր տարբերակն է իր իմաստով հակադիր «հասցնենք» բառին
«Մենք պետք է հասցնենք  տուն հասնել ընթրիքին» նախադասության
մեջ.


- ուլշանաք
- երգենք


7. Տեղադրե՛լ բաց թողնված բառերը.


                                           բարությամբ    պատկերասրահ    հոտը


- Լիլիթը սիրում էր __________ հաճախել քաղաքում :
- Տատիկը շատ բարեմասնություններ ուներ, բայց նա
առանձնանում էր իր զարմանալի ————— :
- Եկավ աշունը, և փողոցներում զգացվում էր ծաղիկների բույրն
ու լիմնի ————— :


# Մոդուլ 1.3

Ջեննիի համար շատ կարևոր օր էր: Նա պլանավորել էր ջարդել
խոզուկի տեսքով խնայատուփը և հաշվել իր խնայողությունը: 

Երբ Ջեննին տուն վերադարձավ դասերից հետո, նա խնայատուփը դրեց սենյակի կենտրոնում՝ թերթի վրա: Պարզվեց, որ մուրճով խնայատուփի ջարդելուց հեշտ բան չկա: Առավել դժվար էր իր խնայողությունը հաշվելը: Մետաղադրամները շատ էին: Որպեսզի չկորցնի հաշիվը, Ջեննին դրանք դասավորում էր յուրերով: Երբ ամբողջ փողը հաշված էր, պարզվեց, որ Ջեննին հաջողվե՛լ էր հավաքել անհրաժեշտ գումարը... Հիմա նա կարող էր խնդրել մայրիկին ու հայրիկին, որ իր համար սմարթֆոն գնեն:

Դրանից մի քանի ամիս առաջ Ջեննին, մայրիկը և հայրիկը համաձայնագիր էին կնքել: Ջեննիի համար սմարթֆոն կգնեն, եթե նա ջանասիրաբար կսովորի, ժամանակին կկատարի տնային առաջադրանքները և օրը երկու անգամ կգբրոնի շնիկի հետ: Ջեննին կատարել էր այս բոլոր խոստումները: Դրա համար էլ ծնողները շուտով նրա համար բերեցին  սպասված տուփը:

Տալով Ջեննիին սմարթֆոնը՝ մայրիկը որոշեց նրա հետ լուրջ խոսել :Նա բացատրեց, որ և՛ երեխաները, և՛ մեծերը հաճախ չափից դուրս տարվում են սմարթֆոններով և մոռանում են իրենց բոլոր մնացած հետաքրքրասիրությունների մասին: Մայրիկը պարզապես չէր ցանկանում, որ Ջեննիի հետ էլ նույնը պատահի: Ջեննին խոստացավ մայրիկին, որ օրն ի բուն չի խաղա սմարթֆոնով:

Ջեննին որոշեց, որ  սմարթֆոնի համար ընդհանրապես խաղեր չի ներբեռնի: Դրա փոխարեն նա կնայի հետաքրքիր տեսանյութեր և նորանոր բաներ կսովորի: Բայց առաջին տեսանյութը, որ հանդիպեց նրան, կատվի ձագուկի մասին էր, որը սենյակով մեկ վազում էր ավելի հետևից: Ջեննիին դա այնքան ծիծաղեցրեց, որ նա որոշեց նայել ևս մի տեսանյութ տնային կենդանիների հնարքների մասին: Եվ այդ տեսանյութը խեղքից դուրս զվարճալի թվաց: Հետո սմարթֆոնն առաջարկեց ևս մի քանի նմանատիպ տեսանյութեր, որոնց հմայքին դժվար էր դիմանալ:

« Տեսանյութերն  այնքան կարճ են, ահա, կնայեմ մի քանիսն էլ ու կանցնեմ դասերիս», — ինքն իրեն մտածեց Ջեննին: Եկավ ընթրիքի ժամը, և Ջեննին գնաց ճաշասենյակ՝ չկտրվելով էկրանից: Նա սմարթֆոնը դրեց իր ափսեի մոտ և անցավ ուտելուն՝ էկրանից բացի, ուշադրություն չդարձնելով որևէ բանի վրա:

Օրվա մնացած մասը Ջեննին անց կացրեց իր սենյակում՝ հեռախոսը ձեռքին: Նա նույնիսկ լոգարան գնալիս սմարթֆոնը վերցրեց իր հետ, երբ գնում էր ատամներն մաքրելու: Այդ ժամանակ մայրիկը որոշեց մի անգամ ևս լրջորեն խոսել Ջեննիի հետ:

—Որքա՞ն ժամանակ ես այսօր անց կացրել հեռախոսիդ մեջ:

Ջեննին նայեց ժամին և հաշվեց, որ անցել է մոտ հինգ ժամ:

—Իսկ ի՞նչ էիր անում դու երեկ այս ժամին, երբ դեռ հեռախոսս չունեիր, — հարցրեց նա:

Ջեննին մտքերի մեջ ընկավ: Երեկ դպրոցից հետո նա պատրաստել էր դասերը, լողացել էր լողավազանում, կարդացել էր նոր գիրքը և զբոսնել էր իր շնիկի հետ: Այստեղ նա հասկացավ, որ այսօր, տարվելով սմարթֆոնով, նա ոչինչ չէր արել այն ամենից, ինչ շատ էր սիրում անել ամեն օր: Մայրը պատմեց Ջեննիին, որ ինքը նույնպես նախկինում երբեմն չափազանց խորն էր տարվում հեռախոսի մեջ եղած տեսանյութերով ու խաղերով: Այդ պատճառով էլ նա ոչինչ չէր հասցնում, իրեն հոգնած էր զգում: Այդ էր պատճառը, որ դրանից հետո նա ժամանցի համար  հեռախոսն օգտագործում էր միայն օրվա վերջում՝ ազատ ժամանակ: Ջեննին հասկացավ, որ մայրիկն իրավացի է: Նա չէր ցանկանում բաց թողնել զբոսանքներն ընկերների ու շան հետ և մոռանալ իր սիրած մյուս զբադմունքների ու հետաքրքրությունների մասին: Ջեննին ինքն իրեն խոստացավ, որ այդուհետ սմարթֆոնն օգտագործելու է միայն այն ժամանակ, երբ կավարտի բոլոր մնացած գործերը:

1.	Ինչի՞ մասին է խոսվում տեքստի մեջ։

* Այն մասին, թե ինչպես Ջեննին հասկացավ, թե ինչ ձևով պետք է օգտագործել սմարթֆոնը։
* Այն մասին, թե ինչպես է Ջեննին՝ մայրիկի հետ միասին, երկար ժամեր անց կացնում օգտագործելով հեռախոսը։

2.	Ի՞նչ նպատակով Ջեննին ջարդեց իր խնայատուփը։

* Ջեննին հասկացավ, որ խնայատուփում այլևս տեղ չկար։
* Ջեննին ուզում էր հաշվել իր խնայողությունը և իմանալ՝ արդյոք այն բավական էր սմարթֆոն գնելու համար։

3.	Ի՞նչ պետք է աներ Ջեննին, որպեսզի ծնողներն իր համար սմարթֆոն գնեին։

* Նա պետք է ջանասիրաբար սովորեր, ժամանակին կատարեր տնային առաջադրանքները և օրը երկու անգամ գբռսներ շնիկի հետ։
* Նա պետք է հաղթեր բանաստեղծությունների ընթերցանության մրցույթում։

4.	Ինչու՞ Ջեննին որոշեց վերահսկել, թե որքան ժամանակ է անց կացնում՝ օգտագործելով սմարթֆոնը։

* Ջեննին հասկացել էր, որ հակառակ դեպքում նա ամբողջ ժամանակն անց է կացնում սմարթֆոնով տեսանյութեր դիտելով։
* Ջեննիի մոքով անգամ չէր անցնում վերահսկել, թե որքան ժամանակ է անց կացնում օգտագործելով հեռախոսը։

5. Ինչո՞վ կարելի է փոխարինել «սպասված» բառը «Դրա համար էլ ծնողները շտտով նրա համար բերեցին  սպասված տուփը» նախադասության մեջ.

- հազվագյուտ
- ցանկալի

6. Ո՞ր տարբերակն է իր իմաստով հակադիր «խնայողություն» բառին «Նա պլանավորել էր ջարդել խոզուկի տեսքով խնայատուփը և հաշվել իր խնայողությունը» նախադասության մեջ.

- կուտակումը
- ծախսերը

7. Լրացրէ՛ք բաց թողնված բառերը.

հավաքածու  առողջության  հրաշալի

- Տատիկը սիրում էր կրկնել, որ ——————— մասին անհրաժեշտ է հոգ տանել երիտասարդ տարիքից:
- Հայրիկը կարողանում է ——————— ռազու պատրաստել:
- Մեր հարևանները հին նկարների բավականին մեծ ——————— ունեին:

# Մոդուլ 1.4

Վաղու՛ց, շատ վաղուց, Հնդկական օվկիանոսի Մավրիկիոս կղզում ապրում էր դոդո թռչունը: Շատերը կարծում են, որ դոդոն պարզապես առասպել է, որը մեզ է հասել ժողովրդական լեգենդներից, բայց դա այդպես չէ: Ինչ-որ ժամանակ դոդոն իսկապես ապրել է այս մոլորակում:

Այսօր գիտնականները ենթադրություններ են անում այն մասին, թե ինչպիսի տեսք ուներ դոդոն՝ ըստ 16 և 17 -րդ դարերի հոլանդացի ու պորտուգալացի նավաստիների արձանագրությունների ու նկարների: Այս նավաստիները ճամփորդում էին Հնդկական օվկիանոսով դեպի արևելք և հաճախ էին կանգ առնում Մավրիկիոսում: Նրանց նկարներում դոդոն ծիծաղելի ու տգեղ էր երևում: Դա բավականին խոշոր թռչուն էր՝ ոչ մեծ չան մեծության: Գիտնականները կարծում են, որ նախքան մարդկանց ի հայտ գալը Մավրիկիոսում, այս թռչունները շատ լավ հարմարվել էին այդ կղզու կյանքին: Ինչպես նաև, գիտնականները պարզել են, որ պինգվինների նման՝ դոդոն նույնպես չի կարողացել թռչել: Բայց չնայած պինգվինների հետ ունեցած այդ ընդհանուր հատկությանը՝ դոդոյին ամենամոտ ցեղակիցները համարվում են աղավնիները:

Սկզբնական շրջանում ճանապարհորդները, որոնք գալիս էին Մավրիկիոս կղզի, միանգամայն ապշած էին տարօրինակ թռչնով: Նրանք նույնիսկ մի քանի դոդոներ ուղարկեցին Եվրոպա և Ասիա՝ հետազոտության համար: Սակայն այդ թռչուններից միայն քչերը կարողացան հաղթահարել այդպիսի երկար ու բարդ ճանապարհորդությունը: Երբ նավաստիներից ոմանք այդպես էլ մացին ապրելու Մավրիկիոսում, նրանք սկսեցին դոդոյի որս անել: Նախքան կղզում մարդկանց ի հայտ գալը ոչ ոք դոդոյի որսով չէր զբաղվել: Ահա թե ինչու, այս կենդանիների մոտ ինքնապաշտպանական բնազդը մացել էր թերզարգացած: Դոդոն բոլորովին չէր վախենում մարդկանցից և չէր շտապում նրանցից թաքնվել՝ այդպիսով մարդու համար դառնալով դյուրին ավար:

Գիտնականներն ամեն դեպքում կարծում են, որ դոդոն մարդկանց արած որևից չէ, որ ոչնչացել է: Չէ՛ որ այդ հեռավոր ժամանակներում Մավրիկիոսում այդքան էլ շատ բնակիչներ չէին ապրում:

14

Դոդոն ոչնչացել է այլ կենդանիների պատճառով, որոնց իրենց հետ կղզի էին բերել նավաստիները: Նախքան նավաստիների հայտնվելը, կղզում երբեք չեն եղել ո՛չ շներ, ո՛չ կատուներ, ոչ էլ խեգզետսնակեր մակակներ: Ժամանակի ընթացքում այս կենդանիները բազմացան Մավրիկիոսում: Նրանք հաջվադեպ էին հարձակվում մեծ դոդոների վրա, բայց հեշտությամբ ավերում էին նրանց բները, որոնք դոդոները դնում էին հենց գետնին: Ինչպես նաև, այս նոր տեսակի կենդանիների պատճառով դոդոն սկեց ավելի դժվարությամբ սնունդ հայթայթել, քանզի այն պարզապես չէր բավարարում այդքան մեծ  քանակության թռչուններին ու գազաններին: Վերջապես,  մարդիկ սկեցին հատել անտառները, որտեղ ապրում էին դոդոները` զրկելով նրանց  բնակության համար անհրաժեշտ միջավայրից:

Վերջին դոդոյին նկատել են հեռավոր 1662 թվականին: Երբ մարդիկ հասկացան, որ երկրագնդի վրա այլևս  ոչ մի հատ չի մնացել այդ զվարճալի տեսքով ու երկար կտուցով թռչնից, արդեն ուշ էր: Շատերը գիտակցեցին, թե որքան վտանգավոր  է շրջակա միջավայրի մասին հոգ չտանելը և չմտածել այն մասին, թե ինչպես կարող է այն ազդել շրջապատում ապրող արարածների վրա: Այսօր մարդիկ հաճախ են հիշում դոդո թռչնին: Դրա համար էլ հույս կա, որ մարդկությունը դասեր է քաղել իր սխալներից և կարող է պահպանել բնության բազմազանությունը:


1.    Ինչի՞ մասին է խոսվում տեքստի մեջ.


   •    Այն մասին, թե որտեղից է հայտնվել դոդո թռչունը:
   •    Այն մասին, թե ինչպես անհետացավ դոդո թռչունը:


2.    Որտե՞ղ էր ապրում դոդոն.

- Պորտուգալիայում և Հոլանդիայում
- Մավրիկիոս կղզում

3. Ինչպե՞ս Մավրիկիոս բերված կենդանիները վնասեցին դոդոյին.

- Բերված կենդանիներն ավերում էին դոդոյի բները:
- Բերված կենդանիները որսում էին դոդոյին:

4. Ինչպե՞ս էին ականատեսները նկարագրում դոդոյին.

- Դոդոն շան նման էր:
- Ըստ նկարագրության դոդոն խոշոր ու զվարճալի թռչուն էր:

5. Ինչո՞վ կարելի է փոխարինել «ավերում էին» բառը «...բայց հեշտությամբ ավերում էին նրանց բները, որոնք դոդոն դնում էր հենց գետնին» նախադասության մեջ.

- Շինում էին
- քանդում էին

6. Ո՞ր տարբերակն է իր իմաստով հակադիր «ոչնչացել է» բառին «Դոդոն ոչնչացել է այլ կենդանիների պատճառով, որոնց իրենց հետ կղզի էին բերել նավաստիները» նախադասության մեջ.

- հայտնվել է
- անհետացել է

7. Տեղադրե՛լ բաց թողնված բառերը.

- Անտառային լիճը հսկայական էր, ——————— :
- ——————— ինձ մոտ սկսեց ստացվել գիթառ նվագել:
- Մարդը, որն ուսումնասիրում է լեզուներ, ——————— է:

# Մոդուլ 1.5

Ամեն տարի Գոհաբանության օրը Լուսինեն իր ծնողների հետ հյուր էր գնում մեկ այլ քաղաքում ապրող իր տատիկին ու պապիկին: Անհրաժեշտ էր երկար գնալ. ամբողջ երկու ժամ՝ մեքենայով: Տատիկն ու պապիկը մեծ տուն ու գեղեցիկ  այգի ունեին: Երբ Լուսինեի հայրը փոքր տղա է եղել, նա ապրել է այս տանը՝ իր եղբայրների ու քույրերի հետ: Հիմա նրանք բոլորը մեծացել են և ցրվել երկրի տարբեր ծայրեր: Բայց ամեն տարի Գոհաբանության օրը,  իրենց ընտանիքներով ,բոլորն անխտիր հավաքվում էին իրենց մանկության տանը:

Ահա և Լուսինեն, իր ընտանիքի հետ, վերջապես մոտեցան տանը: Բակում Լուսինեն նկատեց իր զարմուհի Վարդուհուն: Վարդուհուն, որն իր ամենամտերիմ ընկերուհին էր նաև: Վարդուհին նույնպես նկատեց Լուսինեին, որը մեքենայից նրան  ընդառաջ վազեց: Աղջիկները գրկախառնվեցին և, նույնիսկ առանց տուն մտնելու, վազեցին այգի՝ խաղալու:

Երկու ժամ շարունակ Լուսինեն ու Վարդուհին ուրախ վազվզում էին այգում՝ օդ թռցնելով չորացած տերևների կույտերը: Վերջապես տատիկը դուրս նայեց երկրորդ հարկի լուսամուտից և իր մոտ կանչեց նրանց: Աղջիկներն անմիջապես սլացան տուն: Լուսինեն ու Բարդուհին ամենափոքրն էին երեխաների մեծաքանակ խմբի մեջ, և յուրաքանչյուր այցելության ժամանակ տատիկը նրանց համար հաճելի անակնկալներ էր պատրաստում: Ահա, այս անգամ ևս, տատիկը դարակից հանեց գունագեղ փաթեթավորված երկու տուփ: Լուսինեն ու Վարդուհին այնտեղ գտան զազանիկների ոչ մեծ արձանիկներ. պանդան Լուսինեի համար, իսկ կոալան` Վարդուհու:

—Տատի՛կ, պատմիր մեզ այն ժամանակների մասին, երբ մեր հայրիկներն ու մայրիկները փոքր են եղել, — խնդրեց Լուսինեն:

—Դա շա՛տ վաղուց էր, — հոգոց հանեց տատիկը: —Իմացեք, որ նրանք հիմա են այդպես լուրջ, իսկ փոքր ժամանակ երկուսն էլ իսկական չարաճճիներ էին:

Տատիկը նրանց երկուսին էլ նստացրեց մահճակալի ոտքերի մոտ գտնվող քանդակազարդ սնդուկի վրա, որպեսզի նրանց համար հարմար լինի լսել պատմությունները իրենց հայրերի մանկությունից: Բայց ավարտել ուրախ պատմությունն իր որդիների չարաճճիությունների մասին` չհաջողվեց տատիկին: Նրան կանչեցին խոհանոց, որտեղ պատրաստում էին տոնական ճաշը: Տատիկը գնաց, իսկ աղջիկները սենյակում մենակ մնացին: Որոշ ժամանակ նրանք խաղում էին իրեց նվերներով, երբ հանկարծ նրանց գլխում մի հետաքրքիր միտք ծագեց...

Միևնույն ժամանակ, առաջին հարկում` հյուրասենյակում տիրում էր տոնական խառնիճաղանջ, և ճաշը հասել էր իր գագաթնակետին: Հանկարծ պապիկը նկատեց, որ ո՛չ Լուսինեն, ո՛չ էլ Վարդուհին սեղանի մոտ չէին: Մեծահասակները հիշեցին, որ աղջիկներին արդեն վաղուց ոչ մի տեղ չեն տեսել: Բոլորն անհանգստացան: Լուսինեն ու Վարդուհին ոչ մի գնով բաց չէին թողնի իրենց սիրելի դդմիկով կարկանդակը: Մեծերն ու երեխաները սկսեցին փնտրել աղջիկներին ամբողջ տնով ու այգով մեկ: Սակայն, որքան էլ որ կանչեցին, որքան էլ խնդրեցին վերադառնալ` Լուսինեն ու Վարդուհին չհայտնվեցին: Երեկոն իջավ, ակնհայտ ցրտում էր: Տատիկը վրդովված բարձրացավ իր սենյակը, որպեսզի որևէ տաք բան վերցնի ու այգում շարունակի փնտրել թոռնիկներին: Նա բացեց

քանդակագործ սնդուկը, որ այնտեղից հանի իր շալը, և ախ քաշեց։
Հակա սունդուկի մեջ ոլոր-մոլոր` քնել էին Լուսինեն ու Վարդուհին։
Տատիկն սկսեց կանչել իր անջասենյակ ընտանիքի մյուս անդամներին։
Լուսինեն ու Վարդուհին արթնացան ադմուկից։ Նրանք շատ զարմացած
էին, որ ամբողջ ընտանիքն այդչափ հուզված էր և ուրախ` իրենց
հայտնվելով։ Աղջիկները պատմեցին, որ տատիկի խոհանոց գնալուց
հետո իրենք որոշեցին պահմտոցի խաղալ նրա հետ և թաքնվեցին
սնդուկի մեջ։ Բայց տատիկը երկար ժամանակ չվերադարձավ, իսկ
սնդուկում այնքան տաք էր ու հանգիստ, որ աղջիկները չնկատեցին`
ինչպես քուն մտան։

Ամբողջ ընտանիքն այնքա՛ն ուրախ էր Լուսինեի ու Վարդուհու
հայտնվելով, որ պատճառած անհանգստության համար նրանց
չկշտամբեցին։ Ամեն դեպքում, աղջիկներին խնդրեցին այլևս երբեք
պահմտոցի չխաղալ` առանց մեծերից որևէ մեկին զգուշացնելու։


1.	Ինչի՞ մասին է խոսվում տեքստի մեջ։


•	Այն մասին, թե ինչպես Լուսինեն ու Վարդուհին անց կացրին
Գոհաբանության օրը։
•	Այն մասին, թե ինչպես Լուսինեն ու Վարդուհին տնից փախան։


2.	Ինչպե՞ս մեծերը նկատեցին, որ Լուսինեն ու Վարդուհին չկան։


•	Տատիկը կանչեց նրանց այգում, բայց նրանք չերևացին։
•	Ճաշի ժամանակ պապիկը նկատեց, որ աղջիկները սեղանի
մոտ չեն։


3.	Ինչու՞ Լուսինեն ու Վարդուհին չերևացին, երբ իրենց կանչում էին։

- Որովհետև նրանք քնել էին:
- Որովհետև նրանք չէին ցանկանում, որ իրենց գտնեն:

4. Ինչպե՞ս գտան Լուսինեին ու Վարդուհուն.

- Տատիկը նրանց քնած գտավ սնդուկի մեջ:
- Նրանք սոված ճան և իրենք դուրս եկան սնդուկից:

5. Ինչո՞վ կարելի է փոխարինել «անխտիր» բառը «Բայց ամեն տարի Գրքաբանության օրը, իրենց ընտանիքներով, բոլորն անխտիր հավաքվում էին իրենց մանկության տանը» նախադասության մեջ.

- հազվադեպ
- անպայման

6. Ո՞ր տարբերակն է իր իմաստով հակադիր «անհանգստացած» բառին «Նրանք շատ զարմացած էին, որ ամբողջ ընտանիքն այդճափ հուզված էր և ուրախ՝ իրենց հայտնվելով» նախադասության մեջ.

- հանգիստ
- ուրախ

7. Լրացրե՛ք բաց թողնված բառերը:

Հովիկը մեղադրեց զայրացնում

- Փոքրիկ Նիքը —————— իր քրոջն այն բանում, որ նա քանդել էր իր ավազե ամրոցը:
- —————— քնել էր ծառի տակ, մինչդեռ շունը հաչածում

Էր ոչխարների վրա հարձակված գայլին:

- Պապիկին հաճախ էին ————— լուրերը:

# Մոդուլ1.6

Ամեն ամսվա երկրորդ կիրակին Գրեյսն ու իր հայրը գնում էին ֆերմերային շուկա՝ մթերքներ գնելու: Մեկ ուրիշին դա կարող էր ձանձրալի թվալ, բայց Գրեյսը գիտեր, որ ֆերմերային շուկան իր մեջ շատ հետաքրքրություններ է ամփոփում, իսկ կարևորը՝ համեղ բաներ:

Ահա այսօր էս, հասնելով շուկայի այն մասին, որտեղ ձու էին վաճառում՝ Գրեյսը ախ քաշեց: Վաճառասեղանին դրված էին հավի, սագի, բադի և նույնիսկ՝ լորի ձվեր: Այդպիսի բազմազանություն չե՛ս գտնի խանութում... Գրեյսը որոշեց լորի մանր ձվիկներ գնել իր փոքր քույրիկի համար:

—Դե ինչ, ինչի՞ց ենք պատրաստելու առավոտյան օմլեթը, — հարցրեց հայրիկը:

Առանց երկար-բարակ մտածելու՝ Գրեյսը ցույց տվեց հսկայական մի ձու, որ դրված էր տաղավարի մեջ եղած մնացած ապրանքների հետևում: Այն ոչ ավել, ոչ պակաս՝ անանասի չափսի էր:

—Ի՞նչ եք կարծում, սա ինչի՞ ձու է,— առաջարկեց նրանց կռահել վաճառողուհին:

Հայրիկը ենթադրեց, որ դա պինգվինի ձու է, և ինքն էլ իր ասածի վրա ծիծաղեց: Նա գիտեր, որ դա այդպես չէ:

—Կարծեմ՝ դա ջայլամ է,— ասաց Գրեյսը և ճիշտ դուրս եկավ: Վաճառողուհին պատմեց նրանց, որ իրենց քաղաքից ոչ հեռու ջայլամաբուծական ֆերմա կար: Հենց այդ ֆերմայից էլ գնում են ջայլամի ձվերը: Նաև ավելացրեց, որ այդպիսի մի ձվով կարելի է կերակրել մի ամբողջ ընտանիք:

Հայրիկն ընդունեց Գռեյսի առաջարկը: Նա շատ էր ցանկանում փորձել ջայլամի ձվից պատրաստված ձվածեղը:

Տանը հայրիկն ու Գռեյսը մի անսպասելի խնդրի առաջ կանգնեցին: Պարզվեց, որ ջայլամի ձու ջարդելն այնքան էլ հեշտ չէ: Ինչպես էլ Գռեյսն ու հայրիկը փորձեցին` կարծր կեղևը ոչ մի կերպ չճաքեց: Գռեյսը չհուսահատվեց: Նա համացանցում տեսանյութ գտավ, որտեղ բացատրում էին, որ ջայլամի ձուն չպետք է ջարդել` ինչպես հավինը: Ջայլամի ձվի մեջ, երկու ծայրերից էլ, անհրաժեշտ է անցքեր բացել: Դրանցից մեկի մեջ պետք է փչել, և այդ ժամանակ սպիտակուցն ու դեղնուցը դուրս կթափվեն հակառակ ծայրից:

Իրականում ամեն ինչ ստացվեց` ինչպես տեսանյութում: Ձվածեղն ստացվեց հսկայական ու շատ համեղ, և ամբողջ ընտանիքը գոհ մնաց: Իսկ կեղևը, որն իրականում չէր վնասվել, հայրիկն ու Գռեյսը որոշեցին նկարազարդել ու պահել որպես հիշատակ:


1.	Ինչի՞ մասին է խոսվում տեքստի մեջ.


•	Այն մասին, թե ինչպես Գռեյսը` հայրիկի հետ միասին, եղան ջայլամաբուծական ֆերմայում:
•	Այն մասին, թե ինչպես Գռեյսը` հայրիկի հետ միասին, գնացին ֆերմերային շուկա, իսկ հետո ձվածեղ պատրաստեցին:


2.	Ինչու՞ էր Գռեյսը սիրում գնալ ֆերմերային շուկա.


•	Որովհետև Գռեյսը հույս ուներ` այնտեղ կենդանիներ տեսնել:
•	Որովհետև այնտեղ շատ հետաքրքիր ու համեղ բաներ կային:


3.	Ինչու՞ հայրիկն ու Գռեյսը գնեցին ջայլամի միայն մեկ ձու.

- Որովհետև ջայլամի ձվերը չափազանց թանկ էին։
- Որովհետև այն շատ մեծ էր, և նրանով կարելի էր կերակրել մի ամբողջ ընտանիք։

4. Ինչպե՞ս Գրեյան ու հայրը կարողացան կոտրել ջայլամի ձուն։

- Գրեյը համացանցում տեսանյութ գտավ, որտեղ ցուցադրվում էր, թե ինչպես պետք է գործ ունենալ ջայլամի ձվի հետ։
- Հայրիկը ձուն ջարդեց մուրճով։

5. Ինչո՞վ կարել է փոխարինել «ախ քաշեց» արտահայտությունը «Ահա այսօր ևս, հասնելով շուկայի այն մասին, որտեղ ձու էին վաճառում՝ Գրեյը ախ քաշեց» նախադասության մեջ։

- զարմացավ
- բարկացավ

6. Ո՞ր տարբերակն է իր իմաստով հակադիր «գոհ» բառին «Չվածեղն ստացվեց հսկայական ու շատ համեղ, և ամբողջ ընտանիքը գոհ մնաց» նախադասության մեջ։

- վրդովված
- ուրախ

7. Լրացրե՛ք բաց թողնված բառերը։

մրցույթում տարածքը լուսաբացը

- Մայրիկը Լուկային շատ վաղ արթնացրեց, որպեսզի միասին գնան գրոսայգի՝ —————— դիմավորելու:
- Մեր այգու —————— բույրովին էլ մեծ չէ:
- Մեր դպրոցի մարմնամարզիկները հաղթեցին —————— :

# Մոդուլ 1.7

Սմիթների և Ջոնսերի ընտանիքները մի ամբողջ շաբաթ պատրաստվում էին դեպի լիճ՝ գիշերակացով ուղևորությանը: Լիճը գտնվում էր սեքվոյաների անտառում, որտեղ երեխաներից ոչ մեկը դեռ չէր եղել: Երկու ընտանիքներն էլ իրենց հետ վերցրին մեծ վրաններ, որպեսզի բոլորը տեղավորվեն: Նրանք չմոռացան նաև տաք հագուստը ու գրեթե մի ամբո՛ղջ սուպերմակետի համեղ ուտելիքներ փաթեթավորեցին, որ վերցնեն իրենց հետ:

— Այնպե՛ս եմ ուզում հասնել լեռնային լիճ... Կարելի է մինննույն ժամանակ ձկնորսությամբ զբաղվել այնտեղ,— երանությամբ ասաց պարոն Սմիթը:

Շաբաթ օրն առավոտյան երկու ընտանիքներն էլ մեքենաներին բեռնեցին վրանները ու ուսապարկերը և ճանապարհ ընկան: Նրանց բոլորին հեքիաթային թվաց սեքվոյաների անտառը: Հսկայական ծառերի ներքո ամեն ինչ շատ փոքր՝ ես կասեի խաղալիք էր թվում:

Ջոնսերն ու Սմիթները պայմանավորվել էին կանգ առնել ուղիղ լճի մոտ և այնտեղ էլ խփել վրանները՝ գիշերելու համար: Նրանք գնում էին տեղորոշման համակարգի ցուցմունքով, ըստ որի՝ լիճը ուր որ էր պետք է հայտնվեր նրանց առաջ: Բայց լիճն այդպես էլ չերևաց: Երբ վերջապես մեքենաները կանգ առան, լճի փոխարեն երևաց մի խոր ձորակ, որի հատակին աճել էին դաշտային վառ գույնի ծաղիկներ:

—Չէ որ սա հենց լի՛ճն է... ,— հանկարծ բացականչեց Ջիմմի Սմիթը: —Միայն թե ջուրն է կորել՝ չգիտես, թե ուր:

—Անկասկա՛ծ, — նրա ասածը հաստատեց Բոբի Ջոնսը: — Հիշու՞մ եք՝ ամռան սկզբին հայտնեցին լուրերով, որ անձրևների սակավության պատճառով երաշտ է սկսվել: Հավանաբար այս լիճը չորացել է:

Ջոնսերն ու Սմիթները չհիասթափվեցին և որոշեցին մնալ ծաղիկների լճի մոտ: Երեխաներն օգնեցին ծնողներին՝ վրաններ խփել և սկսեցին խարույկի համար չոր ճյուղեր հավաքել: Երբ ամեն ինչ պատրաստ էր, նրանք ճաշ պատրաստեցին, քանի որ բոլորն անխտիր քաղցած էին:

Ճաշից հետո բոլորն սկսեցին երգել խարույկի շուրջը: Աղջիկները ծաղիկներ հավաքեցին լճից, և տիկին Ջոնսը նրանց սովորեցրեց պսակ հյուսել: Երբ մթնեց, երեխաներն ու մեծերը որոշեցին դիտել աստղերը: Նրանք պառկեցին ուղիղ փափուկ ու խիտ խոտերի վրա, որոնք ծածկել էին լճի հատակը: Յուրաքանչյուրը փորձում էր գտնել իր իմացած համաստեղությունը: Երեխաները փորձում էին հաշվել՝ քանի աստղ կա երկնքում, և ամեն անգամ խառնում էին հաշիվը:

Երկնքում հանկարծ երևաց փոքրիկ, բայց շատ պայծառ մի աստղ: Նա հապճեպ հատում էր երկնակամարը՝ երբեմն թաքնվելով ամպերի տակ ու նորից հայտնվելով:

—Մի՛ թե գիսաստղ է,— բարձրաձայն մտորեց միստր Ջոնսը:

—Ավելի շատ նման է ինքնաթիռի վրայի լույսերին,— պատասխանեց տիկին Ջոնսը՝ ժպտալով:

Երեխաներն էլ խառնվեցին տեր և տիկին Ջոնսերի խոսակցությանը ու որոշեցին սարսափ խաղեր խաղալ: Ինչ-որ մեկը հայտարարեց, որ դա բոլորովին էլ գիսաստղ չէ, և ոչ էլ՝ ինքնաթիռ, այլ տիեզերանավ է: Այդ տիեզերանավով երկու այլ մոլորակային

25

ընտանիքներ թշուր էին հեռավոր ծաղիկների լիճի մոտ հանգստանալու... Չնայած քնելուց առաջ արված սարսափելի պատմություններին՝ բոլորը հանգիստ քնեցին:

1.    Ինչի՞ մասին է խոսվում տեքստի մեջ.

• Այն մասին, թե ինչպես Սմիթներն ու Ջոնսերը գնումներ կատարեցին նախքան դեպի անտառ ուղևորությունը:
• Այն մասին, թե ինչպես Սմիթներն ու Ջոնսերը ժամանակ անց կացրին անտառում:

2.    Ինչու՞ սեքվոյաների անտառը հեքիաթային թվաց բոլորին.

• Որովհետև սեքվոյաները անսովոր բարձր ծառեր են:
• Որովհետև անտառում կային սովորականից շատ ծառեր:

3.    Որտե՞ղ էր կորել այն լիճը, որի մոտ գնացել էին Սմիթներն ու Ջոնսերը.

• Սմիթներն ու Ջոնսերը օգտվել էին ոչ ստույգ քարտեզից և չէին հասել լճին:
• Լիճը չորացել էր երաշտների ժամանակ:

4.    Ինչպիսի սարսափ մտածեցին երեխաները.

• Նրանք պնդում էին , որ երկնքում կայծկլտացող վառ լույսը՝ դա այլմոլորակայիններով լի տիեզերանավ է:
• Նրանք կատակում էին՝ ասելով, որ լիճը չորացրել են այլմոլրակայինները:

26

5.    Ինչո՞վ կարելի է փոխարինել «հեքիաթային» բառը «Նրանց բոլորին հեքիաթային թվաց սեկվոյաների անտառը» նախադասության մեջ.


* կախարդական
* հմայիչ


6.    Ո՞ր տարբերակն է իր իմաստով հակադիր «սակավության» բառին «Հիշու՞մ եք` ամռան սկզբին հայտնեցին լուրերով, որ անձրևների սակավության պատճառով երաշտ է սկսվել» նախադասության մեջ.


* պակասության
* առատության


7.    Լրացրե՛ք բաց թողնված բառերը.


hետաքրքրաշարժ    hոգելն է    գործարան


* Ծննդյանս օրը ինձ ———————— գիրք նվիրեցին:
* Վերջապես մենք էքսկուրսիա գնացինք դեպի իսկական շոկոլադի ———————— , որտեղ պատրաստում էին մեծ քանակության շոկոլադե կոնֆետներ:
* Իմ սիրած սպորտաձևը ———————— :


# Մոդուլ 1.8

Երբ Լյուսին ու Մերին ծնողներից խնդրեցին ընտանի կենդանի պահել, հայրիկն ու մայրիկը չէին էլ պատկերացնում, որ կենդանին այդպես տարօրինակ կլինի: Տեղի տալով աղջիկների հորդորներին` մի կիրակնօրյա առավոտ ամբողջ ընտանիքը ճանապարհվեց դեպի    27 կենդանիների տեղական ապաստարան, որպեսզի ընտանիքի նոր անդամ ընտրեն: Ճանապարհին նրանք ուրախ քննարկում էին, թե ինչ է այն լինելու. շո՞ւն թե կատու, իսկ միգուցե՝ համստե՞ր:

Ապաստարանի ընդունարանում, ուղիղ սեղանի վրա, պառկած էր մոխրագույն մի օձ: Ու չնայած դժվար է ընդհանրապես հասկանալ, թե ինչ տրամադրության մեջ է օձը՝ աղջիկներին, չգիտես ինչու, թվաց, որ նա տխուր է: Ապաստարանի աշխատակիցը մոտենալով՝ պատմեց, որ այդ առավոտ օձի նախկին տերերը հանձնել էին նրան: Նրանց ժամանակը չէր բավարարել, որ խնամեն վերջինիս, և թվում էր, թե հիմա օձը թախծում էր մենությունից: Ապաստարանի աշխատակիցը նաև բացատրեց, որ օձը շատ հանգիստ է, ընդհանրապես թունավոր չէ և, որ նրան շատ հեշտ է խնամել:

Հայրիկն ու մայրիկը նույնիսկ չփորձեցին դիմադրել. քույրերն օձին մի այնպիսի խղճահարությամբ էին նայում, որ արդեն իսկ որոշված էր՝ նրան տուն տանել: Տանը Լյուսին ու Մերին անցան խոր ուսումնասիրության՝ ինչպես ճիշտ ձևով ապաստան պատրաստել նոր ընտանի կենդանու համար: Ակվարիումը, որի մեջ ապաստարանից բերել էին Նենսիին ( որոշեցին այդպես անվանել նրան ), տեղադրեցին սենյակի անկյունում ճանր վարագույրներով ծածկված լուսամուտի մոտ: Կափարիչի վրա տեղադրեցին լամպը, որպեսզի լույսն առավոտյան արթնացնի օձին: Սուպերմարկետից գնեցին լորի ձվեր՝ Նենսիի սիրելի անուշեղենը:

Թվում էր՝ նրանք ամեն ինչ արել էին ինչպես հարկն է: Այնուամենայնիվ, երբ բացվեց առավոտը, Նենսին միայն ավելի խորը մխրճվեց ավազի մեջ և դուրս չեկավ այնտեղից ամբողջ օրը: Բոլորը կարծում էին, որ նա պարզապես ընտելանում է նոր միջավայրին, իսկ երբ քաղց զգա, անպայման դուրս կգա: Բայց Նենսին շարունակեց նստել ավազի մեջ մինչև գիշեր: Հաջորդ առավոտյան վիճակը կրկնվեց:

Աղջիկներն անհանգստացան և խնդրեցին ծնողներին՝ զանգել անասնաբույժի: Վերջինս մանրակրկիտ հարցեր տվեց նրանց Նենսիի ապաստանի մասին ու որոշեց, որ այն ճիշտ է պատրաստված: Անասնաբույժը չէր կարողանում հասկանալ, թե ինչու էր օձն անտարբեր արտաքին աշխարհի նկատմամբ և նույնիսկ ունտել չէր ուզում: Այդ ժամանակ նա խնդրեց՝ Նենսիին հերթագրել իր մոտ այցելության, որպեսզի համոզվի, որ օձն առողջ է:

Հաջորդ առավոտ, արթնանալուն պես, աղջիկները վազեցին ակվարիումի մոտ: Նրանք տեսան, թե ինչպես է Նենսին՝ լամպի լույսի տակ, ավազի մակերևույթի վրա տաքանում: Լյուսին ու Մերին շատ ուրախացան, ձվով կերակրեցին օձին և գնացին դպրոց: Հաջորդ օրը շաբաթ էր, և քույրերը հույս ունեին՝ որքան հնարավոր է, շատ ժամանակ անց կացնել Նենսիի հետ: Բայց նա նորից չերևաց: Նա չերևաց նաև հաջորդ մի քանի օրերին, և աղջիկներն այժմ համոզված էին, որ Նենսին հիվանդ էր: Մի առավոտ օձը նորից երևաց ավազի վրա՝ կարծես թե առնահարվելիս լիներ լողափին:

Աղջիկները որոշեցին հետևել՝ որ օրերն է Նենսին դուրս գալիս բևից ավազի վրա: Մի քանի օր հետո նրանք հասկացան, թե բանն ինչումն էր: Եթե առավոտյան մայրիկը գալիս էր սենյակ՝ բացելու ծանր վարագույրները, Նենսին անպայման դուրս էր սողում ավազի մեջից: Նա հաճույքով կուլ էր տալիս լորի ձունն և ամբողջ օրը տաքանում էր լամպի տակ: Իսկ եթե մայրիկը փակած էր թողնում վարագույրները, Նենսին շարունակում էր նիրհը: Պարզվում է, որ միայն լամպի լույսը բավարար չէր, որ նրան արթնացներ:

Երբ աղջիկները հասկացան, որ Նենսին բոլորովին էլ հիվանդ չէ, նրանք շատ ուրախացան: Նրանք չեղարկեցին անասնաբույժի մոտ այցելությունը: Հիմա ամեն առավոտ, նախքան իրենց գործերով զբաղվելը, նրանք վազում էին ակվարիումի սենյակ և բացում վարագույրները, որպեսզի Նենսիին բարի առավոտ մաղթեն: 

1.     Ինչի՞ մասին է խոսվում տեքստի մեջ.


• Այն մասին, թե ինչպես Լյուսին ու Մերին մեկնեցին ճանապարհորդության:
• Այն մասին, թե ինչպես Լյուսին ու Մերին ընտանի կենդանի ձեռք բերին:


2.     Ինչպե՞ս Նեսսին կենդանիների ապաստարան ընկավ.


• Նեսսին դուրս սողաց տնից, և ոչ ոք չկարողացավ գտնել նրա տերերին:
• Նրան հանձնել էին այնտեղ իր սեփական տերերը:


3.     Ինչու՞ էին աղջիկները ցանկանում Նեսսին տանել անասնաբույժի մոտ.


• Որովհետև Նեսսին դադարեց ուտելուց և դուրս չէր սողում ապագի մեջից:
• Որովհետև Նեսսին դադարեց մուկ որսալ:


4.     Ինչպե՞ս աղջիկները հասկացան, որ Նեսսին առողջ էր.


• Նրանք հասկացան, որ Նեսսին չէր ուտում, քանի որ նրան չէր բավարարում լույսը, որպեսզի արթնանար:
• Աղջիկները կարդացել էին, որ օձերը երբեմն երկար ժամանակ չեն ուտում:


5.     Ինչո՞վ կարելի է փոխարինել «մանրակրկիտ» բառը «Վերջինս մանրակրկիտ հարցեր տվեց նրանց Նեսսիի ապաստանի մասին ու

որոշեց, որ այն ճիշտ է պատրաստված» նախադասության մեջ.

* մանրամասն
* արագ

6.    Ո՞ր տարբերակն է իր իմաստով հակադիր «մենություն» բառին «Նրանց ժամանակը չէր բավարարել, որ խնամեն նրան, և թվում էր, թե հիմա օձը թախծում էր մենությունից» նախադասության մեջ.

* Առանձնացումից
* Ընկերակցությունից

7.    Լրացրե՛ք բաց թողնված բառերը.

Շամպինիոնը    հոտն առավ    խոզանակը

* Որսի շունն ադվեսի ————— :
* ————— ծնողներիս ամենասիրելի սունկն է:
* Ես մոռացել եմ իմ ատամի ————— հյուրանոցում:

# Մոդուլ 1.9

Մի անգամ տատիկը հյուր եկավ և իր հետ բերեց մի մեծ պարկ հող ու գունավոր փոքր տոպրակներ: Տատիկը բացատրեց, որ տոպրակների մեջ տարբեր խոտերի ու բանջարեղենի սերմեր են: Պարզվեց, որ իրենց տնից ոչ հեռու գտնվող ծաղկի խանութում սերմերի գներ գեղծ է եղել: Տատիկը հաջողացրել էր գնել մի քանի տոպրակ` որոշելով թոռնիկների հետ զբաղվել այգեգործությամբ: Այդ գաղափարը երեխաների սրտով էր:

Մառանից հանեցին մեծ՝ այզեգործական կոնքեր և նրանց մեջ հող լցրին։ Երբ ամեն ինչ պատրաստ էր սերմեր ցանելու համար, հեռախոսն անսպասելի զնգաց։ Տատիկը զնաց պատասխանելու զանգին։ Երեխաներն ստիպված էին  սպասել նրա վերադարձին։

—Ինձ թվում է՝ մորաքույր Էմիլիան է զանգել, տատիկի ամենամոտ ընկերուհին, — ասաց Պետրոսը։

Երեխաներ հոգոց հանեցին։ Եթե դա իսկապես մորաքույր Էմիլիան է, այդ դեպքում տատիկը երկար ժամանակ հետ չի գա։ Իսկ երեխաներն այնպե՜ս  էին ուզում սկսել ցանել սերմերը։

—Եկեք ամեն ինչ ինքներս անենք, — առաջարկեց Սառան։

—Ա՜յ թե անակնկալ կլինի տատիկի համար, — համաձայնեցին մնացածները։

Երբ երկար գրույցից հետո տատիկը վերադարձավ պատշգամբ, թոռնիկները հպարտությամբ հայտնեցին, որ բոլոր սերմերն արդեն ցանել են կոնքերում։

—Ա՜յ թե որքան ինքնուրույն  եք, — հպարտացավ տատիկը։ — Եկեք կոնքերի վրա նշումներ անենք։ Ցույց տվեք՝ որտեղ ինչպիսի սերմեր են։

Այդտեղ երեխաներն ընկրկեցին։ Այն մասին, որ պետք է յուրաքանչյուր կոնքում միանման սերմեր ցանել, նրանք նույնիսկ չէին էլ մտածել։

—Մենք չենք հիշում, — ասաց Պետրոսը։

—Ինչպե՜ս թե չեք հիշում, — զարմացավ տատիկը։ — Ահա ա՛յս կոնքում, օրինակ, ի՞նչ եք ցանել։

Երեխաները թոթովեցին ուսերը։

—Մենք ուշադրություն չենք դարձրել։ Պարզապես շատ տվինք սերմերը տոպրակներից, — խոստովանեց Սառան։

—Երբեմն խառնում էինք դրանք, որ սերմերի համար ծանծրալի չլինի։ Որքան շատ տարբեր սերմեր լինեն կողքի մեջ, այնքան ավելի ուրախ կլինի, — ավելացրեց ամենակրտսերը՝ Միլենան։

—Ո՞վ է այդպես սերմեր ցանում, — բռնկվեց տատիկը։ — Նրանք հավանաբար բոլորը կոչնչանան։ Մի՛թե չէիք կարող սպասել՝ մինչև վերադառնամ։

Երեխաների ոգևորությունից հետք անգամ չմնաց։ Նրանք չէին սպասում, որ տատիկն այդպես կբարկանա։ Միլենան պատրաստ էր լաց լինել. չէ՞ որ նա կարծում էր, թե օգնում է տատիկին։

Նկատելով, որ երեխաները տխրեցին՝ տատիկը հասկացավ, որ շատ խիստ է վարվել։ Իսկապես, նրա թոռնիկներն ընդամենն ուզում էին օգնել իրեն։

—Գիտե՞ք, — ասաց նա, — Բայց չէ՞ որ դա նույնիսկ զվարճալի է։ Յուրաքանչյուր բերք անակնկալ կլինի։ Մենք կարող ենք մրցել. ով առաջինը կգուշակի, թե ինչ է աճելու ամեն մի կողքում։

Տատիկը մի անգամ էլ նայեց գլուխգործոցին ու գովեց թոռնիկներին՝ գործը լավ կատարելու համար։ Երեխաներն իսկապես քանք չէին խնայել գովասանքի համար։

Մի քանի շաբաթ շարունակ երեխաները հերթով ջրում էին սերմերը, իսկ հետո եկավ բերքը հավաքելու ժամանակը։ Յուրաքանչյուր կողքում ամենատարբեր խոտերի մի փունջ էր աճել՝ իր անուշահոտ բույրով լցնելով ամբողջ պատշգամբը։

«Իսկապես, ի՞նչ տարբերություն՝ ինչպես ցանել, — ինքն իրեն մտածեց տատիկը և մի անգամ էլ գովեց թոռնիկներին։

1. Ինչի՞ մասին է խոսվում տեքստի մեջ.

- Այն մասին, թե ինչպես էին տատիկն ու թոռնիկներն ուսումնասիրում բույսերը։
- Այն մասին, թե ինչպես էին տատիկն ու թոռնիկներն զբաղվում այգեգործությամբ։

2. Ինչու՞ թոռնիկները որոշեցին իրենք ցանել սերմերը՝ չպապսելով տատիկին.

- Որովհետև նրանք չէին ցանկանում սպասել տատիկին, որը երկար ժամանակ բացակայում էր։
- Որովհետև երեխաները չէին ցանկանում տատիկի հետ ժամանակ անց կացնել։

3. Ինչու՞ տատիկը բարկացավ թոռնիկների վրա.

- Որովհետև նրանք ցանել էին սերմերը՝ չպապսելով իրեն։
- Որովհետև նրանք չէին հիշում՝ որ կոնքում ինչ սերմ են ցանել։

4. Ինչու՞ տատիկը գովեց թոռնիկներին՝ նրանց նախատելուց հետո.

- Տատիկը գոշում էր, որ չափազանց խիստ է վարվել թոռնիկների հետ։
- Տատիկին դուր եկավ՝ ինչպես էին թոռնիկները ցանել սերմերը։

5. Ինչո՞վ կարելի է փոխարինել «բռնկվեց» բառը «—Ո՞վ է այդպես սերմեր ցանում, — բռնկվեց տատիկը» նախադասության մեջ.

* ցնցվեց
* բարկացավ

6.    Ո՞ր տարբերակն է իր իմաստով հականիշ «գովեց» բառին «Տատիկը մի անգամ էլ նայեց գլուխգործոցին ու գովեց թոռնիկներին՝ գործը լավ կատարելու համար» նախադասության մեջ.

* զվարճացրեց
* նախատեց

7.    Լրացրե՛ք բաց թողնված բառերը.

պարզ    Ճառուղու    հումորի

* Պապիկը մեզ միշտ զվարճացնում էր, որովհետև նա ———— — գերազանց զգացմունք ուներ:
* Անձրևից հետո դուրս եկավ արևը, և եղանակը ———— դարձավ:
* ———— երկայնքով խնձորենիներ էին տնկած:

# Մոդուլ 1.10

Թոմը կարծում էր, որ իր բախտը բերել է խաղաներենի ուսուցչուհիու հարցում: Շաբաթը երկու օր այցելելով նրանց տուն՝ սեն յորա Կարմենը ուսուցանում էր Թոմին խաղաներենի քերականական նրբությունները: Ինչպես նաև, նա հաճույքով լսում էր Թոմի դպրոցական կյանքի պատմությունները: Սեն յորա Կարմենն ինքն էլ էր պատմում զվարճալի պատմություններ՝ բացառապես խաղաներենո՛վ ...

Ահա այսօր նույնպես, ստուգելով տնային աշխատանքները և բացատրելով Թոմին նոր դասը՝ սենյորա Կարմենը պատմեց, որ երկու օր առաջ սուպերմարկետից գնել է պաստա պատրաստելու մեքենա:

— Այդ նոր մեքենան ինձ ընդհանրապես պետք չէ, քանի որ հինը գերազանց է աշխատում: Ինձ պարզապես խենթացրե՛ց նոր սարքի տեսքը: Իսկ թե ինչ անեմ հին սարքի հետ՝ ուղեղիս մեջ չի տեղավորվում, — անկեղծացավ նա Թոմի հետ: — Ափսոս է այն նետել:

—Իսկ ձեր ինչի՞ն է պետք պաստայի մեքենան, — զարմացավ Թոմը: — Չէ՛ որ պաստա կարելի է գնել ցանկացած սուպերմարկետում:

—Տնական պաստան շա՛տ ավելի համեղ է: Ես միշտ ինքս եմ այն պատրաստում:

Թոմին հետաքրքրեց այդ գաղափարը: Մակարոնը նրա սիրած ուտելիքն էր, բայց ծնողները միշտ գնված  էին պատրաստում: Հիմա Թոմը շատ էր ուզում փորձել տնականը:

—Մայրի՛կ, կարելի՞ է՝ մենք վերցնենք սենյորա Կարմենի պաստայի մեքենան, — հարցրեց տղան:

Մայրիկը դեմ չէր, բայց խոստովանեց, որ անձամբ երբեք պաստա չի պատրաստել: Ուսուցչուհին խոստացավ՝ բոլորին սովորեցնել այդ գործի վարպետությունը: Այդ ժամանակ որոշվեց՝ հաջորդ պարապմունքին իսպաներեն լեզվի փոխարեն պաստա պատրաստել: Թոմը նույնիսկ հրավիրեց իր համադասարանցիներին՝ Ջորջին ու Անիկային, որովհետև ընկերների հետ պաստա պատրաստելն ավելի զվարճալի էր:

Իսկապես, պաստայի մեքենան կարծես թե նոր լիներ: Այն կողքից երկաթե բռնակ ուներ, որը պետք էր պտտել: Այդ ժամանակ խմորը պտտվում էր՝ անցնելով հատուկ պատուհակի միջով, դառնում բարակ շերտ:

Սե- ... Սենյորա Կարմենը ցույց տվեց երեխաներին, թե ինչպես խմոր
հունցել, և նրանք համերաշխ կերպով գործի անցան: Շուտով
խմորաշերտը պատրաստ էր:

—Բայց այն բլորովի՞ն նման չէ մակարոնի, — բացականչեց Թոմը:

Այդ ժամանակ սենյորա Կարմենը հիշեցրեց, որ պետք է փռխել
մեքենայի ռեժիմը ու նորից խմորաշերտն անց կացնել սարքի միջով:
Երեխաներն այդպես էլ արեցին: Երբ մեքենայից դուրս եկան լայնշայի
թելերը, նրանց ուրախությանը չափ չկար: Նրանք իրենց ձեռքերով
իսկական պաստա էին պատրաստել: Նրանք ցանկանում էին
անմիջապես պտտել ամբողջ խմորը: Բայց սենյորա Կարմենն
առաջարկեց բաժանել այն երկու մասի և մի մասին բազուկ ավելացնել,
իսկ երկրորդին՝ սպանախ: Երեխաներն անմիջապես չհասկացան՝ ինչի
համար է դա պետք: Հետո նրանք կռահեցին, որ բանջարեղենից՝
պաստան գունավոր է ստացվում: Հիմա նրանք միանգամից երեք տեսակ
պաստա ունեին. բաց դեղին, վարդագույն և բաց կանաչ:

—Իսկ ե՞րբ կարելի է փորձել պաստան, — հարցրեց մայրիկը:

Եվ իսկապես, ճաշելու ժամանակն էր: Այնժամ երեխաները
նայեցին միմյանց և հանկարծ բարձր ծիծաղեցին: Նրանք այնքան էին
տարվել պաստա պատրաստելով, որ չէին նկատել, թե ինչպես էին իրենց
բոլորի դեմքերն ու ձեռքերը ծածկվել ալյուրով: Թոմի մայրիկն ու
ուսուչուհին նույնպես մի լավ թաթախվել էին, խոհանոցը լաս
ամբողջությամբ ալյուրի մեջ էր:

Նախքան կլվացվեին ու կնստեին ճաշելու, նրանք որոշեցին սելֆի
անել՝ հիշելու համար. հինգ երջանիկ, ալրաթախ դեմքեր և երեք հսկա
ամաններ՝ գունագեղ պաստայով լի:

1.    Ինչի՞ մասին է խոսվում տեքստի մեջ.


•    Այն մասին, թե ինչպես էր սենյորա Կարմենը պաելյա
պատրաստում:
•    Այն մասին, թե ինչպես էր սենյորա Կարմենը երեխաներին
տնական պասսա պատրաստել սովորեցնում:


2.    Ինչպե՞ս Թոմի գլխում ծագեց պասսա պատրաստելու գաղափարը.


•    Թոմը համացանցում տեսել էր, թե ինչպես են պատրաստում
պասսան:
•    Սենյորա Կարմենը պատմել էր նրան, որ ինքը պասսայի նոր
սարք է գնել:


3.    Ինչպե՞ս պատահեց, որ սենյորա Կարմենի և երեխաների մոտ
պասսան գունավոր ստացվեց.


•    Նրանք խմորին բազուկ ու սպանախ էին ավելացրել:
•    Նրանք խմորին ներկեր էին ավելացրել:


4.    Ինչու՞ երեխաները ծիծաղեցին, երբ իրար նայեցին.


•    Նրանք բոլորը թաթախված էին ալյուրի մեջ:
•    Սենյորա Կարմենը նրանց ծիծաղաշարժ կատակ պատմեց:


5.    Ինչո՞վ կարելի է փոխարինել «նրբությունները» բառը «... սենյորա
Կարմենը ոչ միայն ուսուցանում էր իսպաներենի քերականական
նրբությունները...» նախադասության մեջ.

- հնարքները
- օրինակները

6.    Ո՞ր տարբերակն է իր իմաստով հակադիր «գործի անցան» արտահայտությանը «Սենյորա Կարմենը ցույց տվեց երեխաներին, թե ինչպես խմոր հունցել, և նրանք համերաշխ կերպով գործի անցան» նախադասության մեջ.

- ավարտեցին
- մեկնարկեցին

7.    Լրացրե՛ք բաց թողնված բառերը.

        բացականչեց        գետաձիերին        հեռու

- Կենսաբանության ժամին երեխաներն ուսումնասիրում էին ___________ ։
- Երանուհին այնքան ուրախ էր, որ ___________ «Ուռա՛»։
- Ջեյմսն իրեն իսկական ___________ էր զգում, երբ կատվին փրկեց ջրարջի ճանկերից։

# Մակարդակ 2

## Մոդուլ 2.1

Նունեն շատ էր սիրում իր տատիկին ու պապիկին։ Բայց նրան միշտ թվում էր, թե նրանք միապաղաղ են անց կացնում ժամանակը։ Տատիկը սիրում էր նստել բազկաթոռին ու բնապատկերներ ասեղնագործել, իսկ պապիկը լուրեր էր կարդում ու փորձում կատվին նոր հնարքներ սովորեցնել: «Երևի դա նրանից է, որ նրանց գնացքն արդեն անցել է», — մտածում էր Նունեն:

Աղջիկը շատ ուրախացավ, երբ մի անգամ ծնողներն առաջարկեցին նրան արձակուրդներն անց կացնել տաք ու էկզոտիկ մի երկրում՝ տատիկի ու պապիկի հետ միասին: Նունեն գրադարանից մի ամբողջ կույտ գրքեր վերցրեց, որպեսզի զբաղվելու բան լինի հանգստանալիս: Նա կարծում էր, որ երկու շաբաթն էլ անց կկացնեն լողավազանի մոտ՝ պառկելաթախտերին:

Որքա՜ն մեծ էր նրա զարմանքը, երբ հենց առաջին օրը պապիկը գրանցեց նրանց սնորքլինգի համար:

—Պապի՛կ, դու համոզված ե՞ս, որ դա քեզ դուր կգա, — ամեն դեպքում ճշտեց Նունեն:

—Իհարկե, — գլխով արեց պապիկը: —Սպասի՛ր, դու կարողանում ես չէ՞ լողալ:

Նունեն կարողանում էր լողալ ու շատ էր սիրում: Պարզապես նա չէր սպասում, որ իր տատիկն ու պապիկը կորոշեն սուզվել օվկիանոսի մեջ, որ հիանան խայտաբղետ, արևադարձային ձկներով ու հսկայական կրիաներով: Բայց սրանով չսահմանափակվեց Նունեի զարմանքը:

Նրանց յուրաքանչյուր առավոտը սկսվում էր լողափի գնալով, որտեղ լողում էին տաք օվկիանոսում՝ միմյանց հետ մրցելով, իսկ հետո արևահարվում էին ավազի վրա: Ճաշից հետո նրանք գնում էին հնարավոր բոլոր էքսկուրսիաների՝ դեպի հարևան կղզիներ, գիծի հետ միասին շրջում էին արահետներով՝ ջունգլիներից մինչև ջրվեժ, և դիտում էին բնության մեջ եղած վայրի կենդանիներին: Օրերը հագեցած էին արկածներով, և երեկոյան վերադառնալով հյուրանոց՝ նրանք իրենց հետ բերում էին բազմաթիվ տպավորություններ ու լուսանկարներ:

Երբ արձակուրդի կեսերին անձրևային օր էր սպասվում, ընտանիքը որոշեց մնալ հյուրանոցում: Նրանք պարզապես պատրաստվում էին գնալ ռեստորան՝ նախաճաշելու, երբ շատ անսպասելի՝ լուսամուտի մոտ սրտաճմլիկ մռնչոց լսեց:

—Աստվա՛ծ իմ, — բացականչեց տատիկը: — Մեր վրա գռոհում են գորիլլաները:

—Ինձ թվում է՝ դա ավելի շուտ գետաձի է, — առարկեց պապիկը:

—Միգուցե, նա անձրևի՛ պատճառով է փախել ջունգլիներից: Նունի՛կ, չմոտենա՛ս լուսամուտին:

Բայց Նունեն արդեն լուսամուտի մոտ էր: Նա հետ քաշեց թանձր վարագույրը և ուրախ կանչեց.

—Կապիկնե՛րն են: Դրանք անվնաս են, չէ՞:

Պապիկն անմիջապես մոտեցավ լուսամուտին՝ նայելու ծղծղան արարածներին:

— Սրանք պետք է որ ռնագող կապիկներ լինեն, որոնց մասին պատմեց մեզ գիդը, — հիշեց նա:

Նունեն հետաքրքրությամբ նայում էր արմավենիների վրա նստած կապիկներին: Իրենց չափերով նրանք չէին տարբերվում տնային պուդելից, բայց յուրաքանչյուրի ծայլն այնպիսին էր, որ չէր զիջում ամենասարսափելի գազանին:

—Երևի նրանք այդպիսով վախեցնում են գիշատիչներին, — ենթադրեց Նունեն:

—Դե, կամ էլ պարզապես ուզում են գրավել մեր ուշադրությունը, — քմծիծաղ տվեց պապիկը: — Իսկական դերասաններ:

Տուն վերադառնալով՝ տատիկն ու պապիկը հաճույքով պատմում էին բոլորին արձակուրդի ժամանակ ունեցած արկածների մասին և հատկապես, կապիկների հետ կապված դեպքի մասին: Իսկ Նունեն միայն պատմում էր, թե որքան ակտիվ էին տատիկն ու պապիկը: «Նրանք բոլորովին էլ ծեր չեն... Նրանք պարզապես այլ հետաքրքրություններ ունեն», — ի վերջո հասկացավ Նունիկը:

1.   Ինչի՞ մասին է խոսվում տեքստի մեջ.

     •     Այն մասին, թե ինչպես Նունեն՝ տատիկի ու պապիկի հետ միասին առաջին անգամ լողալ սովորեցին:
     •     Այն մասին, թե ինչպես Նունեն՝ տատիկի ու պապիկի հետ միասի արձակուրդներն անց կացրին տաք, Էկզոտիկ երկրում:

2.   Ինչու՞ Նունեն որոշեց, որ պապիկի ու տատիկի «զնացքն արդեն անցել է».

     •     Որովհետև նրան թվում էր, թե վերջիններս միշտ շատ ծանծրալի են անց կացնում ժամանակը:
     •     Որովհետև նրանք չհամարձակվեցին լողալ օվկիանոսում:

3.   Ինչո՞վ տատիկն պապիկը զարմացրին Նունեին արձակուրդների ժամանակ.

     •     Նրանք գիտեին հազվագյուտ Էկզոտիկ կենդանիների անունները:
     •     Նրանք անսպասելի կերպով շատ ակտիվ դարձան:

4.   Ինչպիսի՞ն էր Նունեի կարծիքը տատիկի ու պապիկի մասին ճամփորդությունից հետո.

- Նա այլևս չէր համարում, որ նրանց «գնացքն անցել է»:
- Նա որոշեց, որ նրանց համար պետք է գտնել նոր հետաքրքրություններ:

5.   Ինչո՞վ կարելի է փոխարինել «գրոհում են» բառը  «Մեր վրա գրոհում են գորիլլաները» նախադասության մեջ.

- հարձակվում են
- ծաղրում են

6.   Ո՞ր տարբերակն է իր իմաստով հակադիր «ակտիվ» բառին «Իսկ Նունեն միայն պատմում էր, թե որքան ակտիվ էին տատիկն ու պապիկը» նախադասությա մեջ.

- Երանդուն
- հանգիս

7.   Լրացրե՛ք բաց թողնված բառերը.

դողում էր    վարակվեց    աճապարդի

- Եղանակն անսովոր սառն էր, և փիսիկը __________ ցրտից:
- Կրկեսում ինձ ամենաշատը զարմացրեց __________ էլոյթը:
- Կարդալով իր ընկերոջ պատմվածքը՝ Սոֆին նույնպես __________ արկածներ գրելու զադափարով:

# Մոդուլ 2.2

Ամեն առավոտ Սոսեն՝ մայրիկի հետ միասին, Սեբաստյանին զբոսանքի էին հանում տնից ոչ հեռու գտնվող այգում։ Սեբաստյանը՝ դա մի չարաճճի պուդել էր, որի մի տարին վերջերս էր լրացել։ Ուշագրավ էր, որ շների չափանիշներով՝ Սեբաստյանն անչափահաս էր համարվում։ Քանզի նա իրեն թուլիկի պես էր պահում. անվերջ վազվզում էր այգու շուրջը, ուրախ ու ամբարտավան հաչում և, ընդհանրապես, ամեն կերպ վայելում էր կյանքը։

Սեբաստյանի սիրած սպառմունքը այգու փոքրիկ բնակիչների հետևից ընկնելն էր։ Հեռվից նկատելով ճնճղուկների խումբը կամ սոճու ծառից իջնող սկյուռիկին՝ նա բարձր հաչալով գլխապատառ նետվում էր նրանց ընդառաջ։ Ճնճղուկները թռչում էին տարբեր կողմեր, իսկ սկյուռիկները զնդակի արագությամբ հետ էին սլանում ծառը։ Սկյուռիկները, հայտնվելով ճյուղի վրա՝ անվտանգ գտնում, բարձր ու ծիծաղելի ծղրտում էին։ Նրանք կարծես հանդիմանում էին Սեբաստյանին, որ թույլ չտվեց  վերջացնել իրենց՝ սկյուռին հարիր գործերը։

Երբեմն այգում թափառելու էին գալիս շրջակա կատուները։ Սեբաստյանը նրանց հալածում էր ոչ պակաս խանդավառությամբ, բայց կատուները միշտ հասցնում էին բարձրանալ ցանկապատի վրա կամ էլ՝ ծառը։ Այնտեղ, բարձրից, նրանք ձևացնում էին, թե ամենևին էլ ոչ մի շուն չեն նկատում։ Սոսեին ու մայրիկին դա միշտ շատ էր զվարճացնում։ Իրականում Սեբաստյանը բոլորովին էլ չար չէր և չէր պատրասվում որևէ մեկին վնասել։ Պարզապես նրան դուր էր գալիս վազվզել ու հաչալ։

Մի անգամ այգում հայտնվեց մի մեծ սև ու սպիտակ կատու, որին ոչ Սոսեն, ոչ մայրիկը նախկինում երբեք չէին տեսել։ Նա շատ գոռոզ էր ու հաստլիկ։ Հեռվից նրան նկատելով՝ Սեբաստյանը շների լեզվով ուրախ մարտակոշ նետեց ու սլացավ դեպի կատուն: Նկատելով իր կողմը վազող հակայական շանը՝ կատուն, իհարկե, ցանկապատին բարձրացավ: Բայց, ակնհայտ էր, որ այդ առավոտ նա  հասցրել էր շատ կուշտ նախաճաշել, քանի որ նրան չհաջողվեց թռչել ցանկապատի վրայով: Չհապադելով՝ նա ցած սահեց և հայտնվեց ուղիղ Սեբաստյանի թաթերի մոտ:


Այստեղ արդեն Սոսեն ու մայրիկը լուրջ վախեցան: Նրանք գիտեին, որ Սեբաստյանը երբեք չի հարձակվում ուրիշ կենդանիների վրա: Բայց այս դեպքում կատուն վախից՝ ինքը կարող էր առաջինը կռվի մեջ ընկնել, և այդ ժամանակ հայտնի չէր, թե այդպիսի հանդիպումն ինչ շրջադարձ կունենար: Սոսեն ու մայրիկը վազեցին ցանկապատի մոտ, որ Սեբաստյանին հետ քաշեն այնտեղից, բայց պատահեց անսպասելին:

Կատվին պարզից էլ պարզ էր, որ իրեն այլևս չի հաջողվի փախչել պուղելից: Այդ ժամանակ նա տեղավորվեց գետնին և սկսեց հանգիստ լվացվել: Շվարած՝ Սեբաստյանն աչքերը հառել էր նրա վրա: Նա սովոր էր, որ կատուները սովորաբար իրենից  փախչում են հազար ոտքով, իսկ ինքը, ի պատասխան, նրանց հետևից է ընկնում: Իսկ ի՞նչ անել այս անվրդով կատվի հետ, որը կարծես թե, բոլորովին չի էլ նկատում իրեն. Սեբաստյանի գլխում չէր տեղավորվում:

Այստեղ վրա հասան Սոսեն ու մայրիկը: Սեբաստյանը շփոթված նրանց նայեց, կարծես խորհուրդ էր հարցնում, թե ինչպես վարվի:

—Սեբաստյա՛ն, գնացի՛նք լճակի մոտ զբոսնելու, — առաջարկեց Սոսեն:

Լավ գաղափար էր, և Սեբաստյանը հնազանդ հետևեց տիրոջը: Հեռանալով՝ նա շրջվեց, որ մի անգամ էլ նայի տարօրինակ կատվին, և տեսավ, թե նա ինչպես էր հապճեպ մագլցում ցանկապատը:

1.    Ինչի՞ մասին է խոսվում տեքստի մեջ.


     •     Այն մասին, թե ինչպես Սեբաստյան անունով պուդելն
գբրոսանքի ժամանակ հանդիպեց կատվին:
     •     Այն մասին, թե ինչպես Սեբաստյան անունով պուդելն
ընկերացավ կատվի հետ:


2.    Ինչու՞ էր թվում, թե Սեբաստյանն իրեն թուլիկի պես էր պահում.


     •     Նա ամբողջ ժամանակ վնգստում էր և չէր սիրում տնից դուրս
գալ:
     •     Որովհետև նա սիրում էր վազվզել այգում, հաչել և
զվարճանալ:


3.    Ինչու՞ մայրիկն ու Սոսեն անհանգստացան, երբ հաստլիկ կատուն
չկարողացավ խույս տալ Սեբաստյանից.


     •     Նրանք վախենում էին, որ հաստլիկ կատուն առաջինը
կհարձակվի Սեբաստյանի վրա:
     •     Նրանք վախենում էին, որ Սեբաստյանն առաջինը վրա
կպրծնի կատվի վրա:


4.    Ինչու՞ հաստլիկ կատուն սկսեց լվացվել, երբ հայտնվեց
Սեբաստյանի թաթերի մոտ.


     •     Նա այդպես փորձում էր շկարեցնել Սեբաստյանին և
դադարեցնել հարձակումը:
     •     Կատվին դուր չեկավ, որ թաթախվել էր ցեխի մեջ:

5.	Ինչո՞վ կարելի է փոխարինել «հաստլիկ» բառը «Նա շատ գոռոզ էր
ու հաստլիկ» նախադասության մեջ.


* գեր
* լուրջ


6.	Ո՞ր տարբերակն է իր իմաստով հակադիր «հեռվից» բառին
«Հեռվից նկատելով ճնճղուկների խումբը կամ սոճու ծառից իջնող
սկյուռիկին՝ նա բարձր հաչալով գլխապատառ նետվում էր նրանց
ընդառաջ» նախադասության մեջ.


* այնտեղից
* մոտիկց


7.	Լրացնե՛լ բաց թողնված բառերը.


Անուշեղենն է	հայտնի	օրորվում


* Ինքնաթիռում՞ մեր կողքին, ———— կինոդերասան էր
նստած:
* Բացատում քամուց ———— էին դաշտային գունագեղ
ծաղիկները:
* Պաղպաղակն իմ սիրելի ____________:


# Մոդուլ 2.3

Նիքն անհամբերությամբ էր սպասում հանգստյան օրերին:
Սովորաբար նրա հայրն ու մայրը ինչ-որ հետաքրքիր զբաղմունք էին

մտածում շաբաթ և կիրակի օրերի համար: Ահա, այս անգամ ևս, որոշված էր՝ հանգստյան օրերին ձկնորսության գնալ:

Նրանց քաղաքից ոչ հեռու մի լիճ կար, որը հայտնի էր իր ձկներով՝ մոլի ձկնորսների շրջանում: Պետք է ասել, որ ոչ հայրիկը, ոչ մայրիկը, ոչ էլ Նիքն անձամբ՝ ձկնորսությամբ չէին զբաղվել: Բայց դա նրանց հետ չպատահեց: Ձկնորսական պարագաների խանութում նրանց ցույց տվին՝ ինչ կարթեր ու խայծ է պետք, որպեսզի խոշոր ձուկ բռնեն: Հինգշաբթի երեկոյան բոլոր իրերը դասավորված էին, և ամբողջ ընտանիքն անհամբերությամբ սպասում էր հաջորդ առավոտվան:

Առավոտյան լիճ գալով՝ ընտանիքը դասավորեց կարթերը՝ հետևելով որսորդական խանութի վաճառողի խորհուրդներին: Երեքն էլ սկսեցին սպասել կոցելուն:

— Ինչ որ չեն կոցում, — շուտով նկատեց հայրը:

—Դեռ տաս րոպե էլ չի անցել, — հիշեցրեց նրան մայրը: — Ձկնորսությունը համբերություն է պահանջում:

—Իսկ ի՞նչ, եթե ձուկը հիմա քաղցած չէ, — հարցրեց Նիքը:

—Ձուկը միշտ էլ սպասում է, որ իրեն ինչ-որ բան զգեն, — շատ վստահ ասաց հայրիկը:

Բայց եթե նույնիսկ դա այդպես լիներ, դեռ ոչ մի ձուկ չէր շտապում: Նիքն ուշադրությամբ հետևում էր ջրի մակերեսին, բայց նրանց կարթերի շուրջը ոչ մի բիծ չկար: Եվ հանկարծ նա զգաց՝ ինչպես իր կարթը քաշեցին ներքև:

—Կարծես ինչ որ բան եմ բռնե՛լ, — բղավեց Նիքը:

Հայրիկն ու մայրիկն անհամբերությամբ հետևում էին՝ ինչպես էր նա ջրից ինչ-որ բավականին ծանր բան դուրս քաշում: Բայց որքան մեծ եղավ նրանց հիասթափությունը, երբ ջրից ելևաց կեռի վրա ճոճվող մի հնամաշ կոշիկ:

Այդ ընթացքում լճի վրա սկսեցին երևալ փորձառու ծկնորսների նավակներ:

Նրանք անշտապ հետ քանդեցին իրենց կարթերը և անցան գործի: Թվում էր, թե նրանք ինչ-որ գաղտնի խայծ են օգտագործում, քանի որ կտցոցներն անընդմեջ էին նրանց մոտ. միայն հասցրու դուրս քաշել որսը:

—Միգուցե, մե՞նք էլ պետք է նավակ վարձեինք, — ենթադրեց մայրիկը:

—Հարցը նավակը չէ, այլ այն, որ այս մարդիկ խլու՛մ են մեր բոլոր ձկները, — սրտնեղեց հայրիկը:

Նրանք նորից սկսեցին սպասել: Հանկարծ, մի բառ անգամ չասելով` հայրիկը մի կողմ նետեց իր կարթը և թևերն ընթացքում վեր քշտելով` նետվեց դեպի ջուրը: Մինչև ձկները ջրի մեջ մտնելով` նա շեշտակի կռացավ և հանեց ջրից բավականին մեծ մի ձուկ: Հպարտորեն բարձրացնելով ձուկը գլխից վերև` նա այն թափահարում էր` իր ընտանիքին ի ցույց:

—Ա՛յ քեզ բան, դատարկ ձեռքերով ձու՛կ բռնեց..., — հիանում էր Նիքը:

—Մեր մեջ ասած` խաբելը լավ բան չէ, — ասաց մայրիկը: — Դու նկատեցիր, թե ինչպես էր մոտիկ լողում սատկած ձուկը, ու պարզապես բռնեցիր այն:

Ծիծաղելով` հայրը խոստովանեց, որ մայրիկն իրավացի է. նա ուղղակի որոշել էր կատակ անել նրանց հետ:

Բոլորը նորից միաձայն սկսեցին կտցոցի սպասել: Առաջինը մայրիկի բախտը բերեց. Նրան ոչ մեծ իշխան էր բաժին ընկել: Հետո Նիքն ու հայրիկը մի-մի իշխան բռնեցին: Այդ ընթացքում բոլորը սաստիկ քաղցել էին, և որոշվեց ընդհատել ձկնորսությունը: Իշխանն անմիջապես խորովեցին խարույկի վրա և դրանով էլ ընթրեցին։ Նիքին թվում էր, թե սեփական ձեռքերով բռնածը շատ ավելի համեղ էր, քան խանութի սովորական ձուկը։


1.    Ինչի՞ մասին է խոսվում տեքստի մեջ.


•     Այն մասին, թե ինչպես մայրիկը, հայրիկն ու Նիքը մեկնեցին ձկնորսության:

•     Ձուկ որսալու տարբեր միջոցների մասին:


2.    Ինչպե՞ս էր Նիքի ընտանիքը պատրաստվում ձկնորսության.


•     Նրանք վարձով նավակ վերցրին:

•     Նրանք մասնագիտացված խանութից նախորոք գնել էին ձկնորսության համար անհրաժեշտ բոլոր պարագաները:


3.    Ինչպե՞ս հայրիկը կատակեց մայրիկի ու Նիքի հետ:


•     Նա խանութից ձուկ գնեց և ներկայացրեց այն՝ որսած ձկան փոխարեն:

•     Նա ձևացրեց, թե անգեն ձեռքով է բռնել ձուկը:


4.    Ինչո՞վ ավարտվեց ձկնորսությունը.


•     Յուրաքանչյուրը մեկական ձուկ բռնեցին և հետո դրանով ընթրեցին:

•     Ընտանիքը նոր խայծ գտավ ձկան համար:

5.    Ինչո՞վ կարելի է փոխարինել «հայտնի էր» բառը «Նրանց քաղաքից
ոչ հեռու մի լիճ կար, որը հայտնի էր իր ձկներով՝ մոլի ձկնորսների
շրջանում» նախադասության մեջ.


- դուրեկան էր
- ճանաչված էր


6.    Ո՞ր տարբերակն է իր իմաստով հականիշ «անշտապ» բառին
«Նրանք անշտապ հետ քանդեցին իրենց կարթերը և անցան գործի»
նախադասության մեջ.


- դանդաղ
- արագ


7.    Լրացրե՛ք բաց թողնված բառերը.

մանուշակագույնը    կրնդառաջեն    երթուղին


- Անին պատահաբար թափեց գունավոր մատիտները և
կարողացավ գտնել բոլոր գույները, բացի ——————— :
- Հայրիկը զնաց ճամփորդության դեպի լեռները՝ ———————
գծելով ոչ մեծ գյուղակի միջով, որը հայտնի էր իր համեղ մեղրով:
- Մենք հույս ունեինք, որ կենդանիների ապաստարանում մեզ —
——————— և թույլ կտան վերցնել կատվի ձագուկին:

# Մոդուլ 2.4

Թանգարան գնալը՝ Վահանին նախորոք շատ ձանձրալի գաղափար թվաց: Ի՞նչ հետաքրքիր բան կարող է լինել թանգարանում: Բայց մայրիկը շատ էր ցանկանում թանգարան գնալ՝ անպայման իր հետ, դրա համար էլ Վահանը համաձայնեց:

Թանգարանում մեծ աշխուժություն էր տիրում: Մայրիկի ու Վահանի կողքով երիտասարդներ էին անցնում մոլբերտներն ուսերին գցած: Նրանք ինչ-որ բան էին քննարկում:

—Սրանք ուսանողներ են՝ ապագա նկարիչներ, — բացատրեց մայրիկը: — Նրանց հաճախ են հանձնարում նկարել թանգարանում՝ նայելով որևէ նկարի:

Երիտասարդները տեղադրեցին մոլբերտները Վան Գոգի «Իրիսները» նկարի մոտ:

—Ինչո՞ւ նրանք ընտրեցին այս նկարը, — հարցրեց Վահանը:

—Երևի նրա համար, որ Վան Գոգը համարվում է ամենատաղանդավոր նկարիչներից մեկը: Նրան հաճախ անվանում են գեղանկարչության հանճար:

Վահանն ուշադիր նայեց նկարին: Այն նրան յուրօրինակ թվաց, որովհետև քաթանի վրա ներկը հաստ շերտով էր քսված: Այդ ներկը՝ արտասովոր անհավասար խորդուբորդություններով քսած էր կտավին, բայց դրանից՝ գույները կարծես թե կենդանացել էին: Հետո Վահանն սկսեց դիտել ուսանող-նկարիչների կտավները: Ի զարմանս իրեն, նա նկատեց, որ շատ նկարներ ապշելու աստիճան նման են ստացվել բնօրինակին:

—Մայրի՛կ, նայի՛ր, չէ՞ որ նրանք էլ են նկարում ճիշտ այնպես, ինչպես Վան Գոգը, — բացականչեց Վահանը: — Այդ դեպքում ինչո՞ւ են միայն իրեն անվանում հանճարեղ նկարիչ։ Տե՛ս՝ որքա՛ն մարդ է կարողանում նրանից ոչ պակաս նկարել։

—Բանը նրանում է, որ Վան Գոգը եղել է առաջինը, որ այդ ոճի մեջ սկսել է նկարել, — բացատրեց մայրիկը։ — Հիշու՞մ ես, մենք անցանք դահլիճներով, որտեղ կային այլ նկարիչների աշխատանքներ։ Դու նկատեցի՞ր որևէ նկար, որ նման լիներ Վան Գոգի աշխատանքին։

Վահանն անհամաձայնության նշան արեց գլխով։ Նրանց մոտեցավ թանգարանի աշխատակիցը։

—Ես լսեցի ձեր խոսակցությունը, — ասաց նա, — և մտածեցի, որ ձեզ համար հետաքրքիր կլինի լսել Վան Գոգի նկարներից մեկի մասին այս ուշագրավ պատմությունը։

Պարզվում է, որ արվեստագետներն Վան Գոգի նկարներից մեկի վրա չորացած ծղրիդ են գտել։

—Վան Գոգը դիտավորյա՞լ էր ծղրիդին դրել կտավի վրա, — զարմացավ Վահանը։

—Չեմ կարծում, — պատասխանեց թանգարանի աշխատակիցը։ — Ավելի շուտ՝ ծղրիդն ինքն էր նստել նկարին, երբ ներկը դեռևս բուլորովին թարմ ու կայուն է եղել։ Դուրս պրծնել ներկի հաստ շերտից՝ ծղրիդն ինքնուրույն չի կարողացել։

Վերադառնալով տուն՝ Վահանը դարակից հանեց իր ներկերի տուփը և սկսեց իրիսներ նկարել։ Երբ նկարը համարյա պատրաստ էր, նա տատիկից խնդրեց նրա հին մետաղագարդը՝ բզեզի տեսքով, որը տատիկը վաղուց չէր կրել։ Վահանը խնամքով տեղադրեց մետաղյա բզեզին իր աշխատանքի վրա։ Համարյա ստացվեց՝ ինչպես Վան Գոգի մոտ։

1.     Ինչի՞ մասին է խոսվում տեքստի մեջ.


   •     Այն մասին, թե ինչպես Վահանն ու մայրիկն այցելեցին
թանգարան:
   •     Այն մասին, թե ինչպես էր ապրում Վան Գոգը:


2.     Ինչո՞վ հետաքրքրեց Վահանին Վան Գոգի նկարը.


   •     Վահանը նախկինում տեսել էր այդ նկարը գրքի մեջ:
   •     Քաթանի վրա ներկը հաստ շերտով էր քսված, իսկ  գույները
դրանից կարծես թե կենդանացել էին:


3.     Վահանի մոտ ի՞նչ հարց առաջացավ, երբ տեսավ, որ ուսանողները
գրեթե կարողանում են Վան Գոգի նման նկարել.


   •     Որտեղի՞ց են նրանք սովորել այդպես նկարել:
   •     Ինչու՞ է Վան Գոգը համարվում գեղանկարչության հանճար,
եթե շատերն են կարողանում նրա նման նկարել:


4.     Ինպե՞ս Վահանի մայրը բացատրեց, որ Վան Գոգը համարվում է
գեղանկարչության հանճար՝ չնայած այն բանին, որ շատերն են
կարողանում նկարել նրա ոճով.


   •     Վան Գոգն առաջինն է, որ ստեղծել է այդ յուրօրինակ ոճը:
   •     Ոչ ոք Վան Գոգից առաջ դեռ իրիսներ չէր նկարել:


5.     Ինչո՞վ կարելի է փոխարինել «արտասովոր» բառը «Այդ ներկը՝
արտասովոր անհավասար խորդուբորդություններով քսված էր կտավին,

բայց գույները դրանից կարծես թե կենդանացել էին» նախադասության մեջ.

- տարօրինակ
- սովորական

6.    Ո՞ր տարբերակն է իր իմաստով հակադիր «ձանձրալի» բառին «Թանգարան գնալը՝ Վահանին նախորոք շատ ձանձրալի գաղափար թվաց» նախադասության մեջ.

- հետաքրքիր
- սովորական

7.    Տեղադրե՛լ բաց թողնված բառերը.

Լողորդներից    բաժանել    հոգալ

- Բնության մասին պետք է ——————— ու պահպանել այն:
- Մայքլ Ֆելփսը ամենահայտնի ——————— մեկն է:
- Աշխատանքը պետք է ——————— հավասար մասերի:

# Մոդուլ 2.5

Վոլֆգանգ Ամադեուս Մոցարտին հաճախ են անվանում բոլոր ժամանակների հանճարեղ կոմպոզիտորներից մեկը, և դա իսկապես այդպես է: Չնայած նրան, որ նա ապրել է հեռավոր 18-րդ դարում՝ նրա երաժշտությունը դեռևս հիացնում է լսարանին:

Վոլֆգանգը ծնվել է Ավստրիայում՝ Զալցբուրգ քաղաքում: Ծնված օրից Մոցարտի կյանքը հագեցած էր երաժշտությամբ: Նրա հայրը՝ Լեոպոլդը, ջութակահար էր: Նա ուսուցանում էր Վոլֆգանգի մեծ քրոջը՝ Նաններլին կլավեսին նվագել: Երեք տարեկան Մոցարտը զմայլված հետևում էր քրոջ դասերին: Նա հաճախ ինքն էր նստում կլավեսինի մոտ և ժամերով զվարճանում ՝ սեղմելով ստեղնաշարերին: Հայր Վոլֆգանգն ապշած մնաց, երբ պարզվեց, որ փոքրիկն անգիր էր սովորել հատվածներ՝ մի քանի երաժշտական ստեղծագործություններից:

Չորս տարեկան հասակում Վոլֆգանգին ևս սկսեցին երաժշտություն ուսուցանել: Շուտով ամբողջ ընտանիքը հասկացավ, որ փոքրիկ Վոլֆգանգը ոչ միայն ջանասեր աշակերտ է, այլ նաև չափազանց տաղանդավոր տղա: Արդեն հինգ տարեկանում Մոցարտն ստեղծագործում էր իր առաջին պիեսները:

Վոլֆգանգի հայրը շատ էր ցանկանում, որ տղան կոմպոզիտոր դառնար: Սակայն այն ժամանակվա օրենքներով կոմպոզիտոր կարող էին դառնալ միայն այն մարդիկ, որոնք կարող էին վարպետորեն ներկայացնել երաժշտությունը: Այդ ժամանակ Մոցարտի հոր գլխում հետաքրքիր միտք ծագեց: Նա որոշեց Վոլֆգանգին ու նրա քրոջը տանել ճանապարհորդության և ելույթ ունենալ Եվրոպայի բոլոր թագավորական արքունիքներում: Նա հույս ուներ, որ Մոցարտին կնկատեն և նրան լավ գործ կառաջարկեն:

Հյուրախաղերի ժամանակ ունկնդիրները հիանում էին  փոքրիկ երաժշտով: Նրանք նույնիսկ նրան «վունդերկինդ» անվանեցին, որը գերմաներեն նշանակում է հրաշամանուկ: Ճանապարհորդության ընթացքում փոքրիկ Մոցարտը դարձավ իսկական սենսացիա և, իր քրոջ հետ միասին, կատարողական վարպետության զարմանալի բարձունքների հասան:

Տաս տարեկան հասակում նա արդեն կոմպոզիտոր դարձավ: Բայց

չնայած սկզբնական հաջողություններին՝ չափահաս դարձող Մոցարտի ու նրա քրոջ նկատմամբ հանդիսատեսի կրքերը ժամանակի ընթացքում սառան. չէ՛ որ նրանք արդեն անցել էին «հրաշամանուկի» տարիքը:

Երբ լրացավ Մոցարտի տասնյոթ տարին, նա արքունիքի երաժիշտի աշխատանք ստացավ Զալցբուրգում: Նա պետք է երաժշտություն հորիներ հատուկ դեպքերի համար, ինչպես նաև համերգներ տար հանդիսավորությունների ժամանակ: Բայց այդ աշխատանքի համար այնքան էլ լավ չէին վարձատրում, և այդ, Վոլֆգանգին շուտով ձանձրացրեց այդպիսի կյանքը: Դրա համար էլ նա որոշեց տեղափոխվել Վիեննա՝ Ավստրիայի մայրաքաղաք:

Այստեղ նա ծանոթացավ Կոնստանցիա Վեբերի հետ: Երիտասարդները սիրեցին միմյանց և շուտով ամուսնացան: Վոլֆգանգը հացի փող էր աշխատում երաժշտության դասեր տալով: Նա նաև ստեղծագործում էր հարուստ մարդկանց համար և համերգներ էր տալիս: Ժամանակի ընթացքում նա շատ հայտնի դարձավ:

Մոցարտն աշխատում էր օր ու գիշեր: Իր կյանքի ընթացքում նա գրել է մեծ քանակությամբ տարբեր ստեղծագործություններ՝ սոնատայից մինչև կոնցերտներ, սիմֆոնիայից մինչև օպերաներ: Նույնիսկ, երբ խիստ հիվանդացավ և այլևս չէր կարողանում էլույթ ունենալ, Մոցարտը շարունակում էր աշխատել իր վերջին օպերայի վրա՝ «Կախարդական սրինգը», որն այնուամենայնիվ ավարտեց մահից ոչ շատ առաջ:

Նա ամբողջությամբ գրել է 50 սիմֆոնիա, 25 կոնցերտ դաշնամուրի համար և 21 օպերա՝ չհաշված մնացած երաժշտական տարբեր ստեղծագործությունները...

Նրա մահից շատ չանցած՝ երաժշտասեր հասարակությունը հասկացավ, թե ինչպիսի անհավատալի տաղանդավոր երաժիշտ ու կոմպոզիտոր է Վոլֆգանգ Ամադեուս Մոցարտը: Ու չնայած, որ նա

Երկար կյանք չի ապրել` հասցրել է մեզ թողնել հսկայական քանակության հետաքրքիր երաժշտական գործեր: Բարեբախտաբար, նրա բոլոր ստեղծագործությունները պահպանվել են, և մենք կարող ենք այն վայելել նաև այսօր:


1.  Ինչի՞ մասին է խոսվորմ տեքստի մեջ.


• Մեծ կոմպոզիտոր Վոլֆգանգ Ամադեուս Մոցարտի կյանքի մասին:
• Այն մասին, թե ինչպես կարելի է դառնալ կոմպոզիտոր:


2.  Ինչի՞ց սկսվեց Մոցարտի ճանոթությունը երաժշտության հետ.


• Նա հրճվանքով հետևում էր քրոջ երաժշտության դասերին և սիրեց ժամանակն անց կացնել կլավեսինի մոտ:
• Երաժշտությունը Մոցարտին հետաքրքրեց դպրոցում:


3.  Ինչու՞ Մոցարտին անվանեցին «վունդերկինդ».


• Որովհետև նա ուզում էր կոմպոզիտոր դառնալ:
• Որովհետև նա արտասովոր տաղանդավոր երեխա էր:


4.  Ինչպե՞ս կարելի էր հասկանալ, որ Մոցարտը շատ աշխատասեր էր.


• Մոցարտը լավ էր վաստակում:
• Նա աշխատում էր գիշեր ու ցերեկ և գրեց տասնյակ երաժշտական ստեղծագործություններ:


5.  Ինչո՞վ կարելի է փոխարինել «սենսացիա» բառը

58

«Ճանապարհորդության ընթացքում փոքրիկ Մոցարտը դարձավ իսկական սենսացիա» նախադասության մեջ.


- տաղանդավոր
- գխսավոր նորություն


6.    Ո՞ր տարբերակնէ իր իմաստով հակադիր «հիանում էին» բառին «Ունկնդիրները հիանում էին  փոքրիկ երաժշտով» նախադասության մեջ.


- անտարբեր էին
- զմայլվում էին


7.    Լրացրե՛ք բաց թողնված բառերը.


        փայլփլում էր     հաստատական     տաղանդներ


- Ալիսան ____________ էր տրամադրված և պատրաստվում էր ամեն ինչ անել, որ հաղթի մրցույթին:
- Առավոտյան խոտն ամբողջորությամբ ____________ ցողից:
- Երաժշտության ուսուցչուհին շատ ____________ ուներ. նա կարողանում էր նվագել ֆլեյտա, դաշնամուր և գիթառ, ինչպես նաև՝ հրաշալի երգում էր:


# Մոդուլ 2.6

Ֆլամինգոն շատ արտասովոր թռչուն է: Նրանք երկար ոտքեր ունեն, շրջված շերեփի նման կտուց, և որ ամենագլխավորն է՝ վարդագույն փետուրներ: Այդպիսի յուրօրինակ գույնի պատճառով    59

Ֆլամինգոների երամը հեռվից կարելի է շփոթել բոցավառվող կրակի հետ:

Ի դեպ, հենց այս պատճառով էլ թռչունն ստացել է իր անունը: Բանը նրանում է, որ շատ ֆլամինգոներ ապրում են Լատինական Ամերիկայում: Այս տարածաշրջանի երկրների մեծամասնությունը խոսում է իսպաներեն լեզվով , իսկ Բրազիլիայում՝ պորտուգալերեն: Այս երկու լեզուների մեջ էլ գոյություն ունի «ֆլամենկո» բառը, որ նշանակում է «հրավառ»: Նայելով այդ հրե թռչունին՝ Լատինական Ամերիկայի բնակիչները որոշեցին այն անվանել իր փետուրների գույնով:

Իսկ դուք գիտե՞ք, թե ինչու է ֆլամինգոն վարդագույն: Իրականում, երբ ֆլամինգոյի ճուտը դուրս է գալիս ձվից, նա բոլորովին էլ վարդագույն չէ, այլ սպիտակ: Այդպես՝ նրանք ապրում են մոտ երեք տարի և միայն հետո են փոխում իրենց գույնը:

Դա տեղի է ունենում նրա համար, որ ֆլամինգոները բնակվում են հիմնականում շատ աղի, սակավաջուր լճերի վրա: Այդպիսի տեղերում ձուկ գրեթե չի աճում, բայց դրա փոխարեն կան շատ մանր խեցգետիններ՝ ֆլամինգոյի սիրած ուտելիքը: Խեցգետիններն իրենք անվում են միկրոսկոպիկ ջրիմուռներով, որոնք պարունակում են յուրահատուկ ներկող նյութեր: Երբ ֆլամինգոն ուտում է խեցգետինները, ներկող նյութերն ընկնում են նրա օրգանիզմի մեջ և փետուրներին անսովոր երանգ են տալիս: Ֆլամինգոյի գույնը կարող է փոխվել բաց վարդագույնից մինչև  վառ կարմիր՝ կախված նրանից, թե որ լճի վրա են նրանք ապրում և ինչպիսի խեցգետիններով են անվում:

Կարելի է մտածել, թե անհարմար է այդպիսի հսկա կտուցով ՝ մանր խեցգետիններ որսալը, բայց դա այդպես չէ: Ֆլամինգոն օգտագործում է իր կտուցը ինչպես շերեփ և ջուր է վերցնում լճից, որի մեջ վխտում են խեցգետինները: Դրա համար նրանք այնպես են թեքում գլուխները, որ կտուցի ներքևի մասը հայտնվում է վերևում: Այդպես՝ կտուցը լրիվ նմանվում է շերեփի:

60

Ֆլամինգոյի կտուցի վերին մասում հատուկ անցք կա, որոնք նա օգտագործում է, որպեսզի քամի ջուրը: Երբ ամբողջ ջուրը կտուցից քամվում է, թռչունը կուլ է տալիս մնացած խեցգետինները: Կողքից սա շատ տարօրինակ է երևում, քանի որ ֆլամինգոն գլխիվայր է ուտում:

Ֆլամինգոն աշխարհի ամենահին թռչուններից է: Բացի Լատինական Ամերիկայից՝ նրանք ապրում են նաև Ասիայում և Աֆրիկայում: Վաղ ժամանակներից սկսած՝ մարդիկ ֆլամինգոն համարել են զարմանահրաշ թռչուն և մեծարել նրան:


1.    Ինչի՞ մասին է խոսվում տեքստի մեջ.


   • Ֆլամինգո թռչնի մասին
   • Լատինական Ամերիկայի թռչունների մասին


2.    Ի՞նչ է հիշեցնում հեռվից ֆլամինգոների երամը.


   • վարդագույն կտոր
   • բոցկլտացող կրակ


3.    Որտեղի՞ց են այս թռչուններն ստացել իրենց անվանումը.


   • Պորտուգալերեն «ֆլամենկո» նշանակում է «հրավառ»:
   • Այդպես կոչվում է պարը:


4.    Որտեղի՞ց է ֆլամինգոյին վարդագույն կամ կարմիր երանգը.


   • Ֆլամինգոն այդպես է ծնվում:
   • Այդ երանգը ֆլամինգոն ստանում է սննդից:

5.	Ինչո՞վ կարելի է փոխարինել «բնակվում են» բառը «Դա տեղի է ունենում նրա համար, որ ֆլամինգոները բնակվում են հիմնականում շատ աղի, սակավաջուր լճերի վրա» նախադասության մեջ.


- ապրում են
- անցնում են


6.	Ո՞ր տարբերակն է իր իմաստով հակադիր «մոտ» բառին «Այդպես՝ նրանք ապրում են մոտ երեք տարի և միայն հետո են փոխում իրենց գույնը» նախադասության մեջ.


- ենթադրաբար
- ճշգրիտ


7.	Լրացրե՛ք բաց թողնված բառերը.


տարվել էր     խաղաքարերը     մարզիչ


- Պապիկը շախմատի —————— սարքեց փայտից:
- Յոթերորդ դասարանում Ռիչարդը ——————
կենսաբանությամբ:
- Թիմը բասկետբոլի նոր —————— ունի, որին անմիջապես
սիրեցին բոլոր մարզիկները:


# Մոդուլ 2.7

Մամոնտները հնագույն կենդանիներ են, որոնք փղերի են հիշեցնում: Նրանք շրջել են մեր մոլորակում հինգ միլիոն տարի շարունակ: Բայց մոտ տաս հազար տարի առաջ մամոնտներն սկսեցին անհետանալ: Վերջնականորեն՝ մամոնտներն անհետացել են

62

մոտավորապես չորս հազար տարի առաջ: Հատկանշական է, որ վերջին մամոնտներն անհետացան այն ժամանակ, երբ արդեն կառուցվել էին եգիպտական  փառահե՛ղ բուրգերը:

2007 թվականին ռուսական Յամալ թերակղզում  եղջերաբույծ Յուրի Հուդին գտավ մամոնտի ձագի մնացորդներ: Դա իսկական գյուտ էր գիտնականների համար, քանի որ մամոնտիկը լավ էր պահպանվել: Պարզվեց, որ նա ապրել էր մեզանից ավելի քան քառասու՛ն հազար տարի առաջ:

Մամոնտիկին անվանեցին Լյուբա՝ ի պատիվ Յուրի Հուդիի կնոջ: Յուրին մամոնտիկին գտավ առավոտյան, երբ գնում էր խարույկի համար փայտ բերելու: Սկզբում,  հետույից  նա ինչ-որ տարօրինակ բան տեսավ ձյան վրա: Ավելի մոտենալով՝ Յուրին հասկացավ, որ իր առաջ մամոնտի շատ փոքրիկ ձագ է: Յուրին կապվեց գիտնականների հետ և պատմեց նրանց անսովոր գյուտի մասին:

Այնքան լավ էր պահպանվել մամոնտիկը, որ գիտնականներն անչափ զարմացել  էին: Չէ որ Լյուբան հողի մեջ պառկել էր շատ հազարամյակներ շարունակ: Հետազոտողներին հաջողվեց հաստատել, որ այն դեռևս շատ փոքր արու ձագ էր, որի վեց ամիսը հազիվ էր լրացել:

Շատերը կարծում են, որ ժամանակակից փղերը, որոնք ապրում են Հնդկաստանի և Աֆրիկայի ջունգլիներում, առաջացել են մամոնտներից: Համենայն դեպս, գիտնականները ենթադրում են, որ իրականում դա այդպես չէ: Մամոնտներն ու ժամանակակից փղերն ունեն ընդհանուր նախահայր: Չէ որ նրանք զարգացել են անկախ մեկը մյուսից՝ փղերը հարավում, իսկ մամոնտները հյուսիսում:

Բազմաթիվ մամոնտներ շատ ավելի մեծ էին, քան իրենց հարավային ցեղակից փղերը: Նրանց ժանիքներն առանձին կշռում էին 100 կիլոգրամ, իսկ հասակը հասնում էր հինգ մետրի: Գոյություն ունեին նաև գաճաճ տիպի մամոնտներ, որոնք մետրուկեսից մի փոքր ավել հասակ ունեին: Ինչպես փղերը` մամոնտները նույնպես եղել են խոտակեր կենդանիներ և սնվել են բույսերով, հատապտուղներով ու խոտերով: Հասուն մամոնտը կարող էր մի օրում մինչև 350 կիլոգրամ կեր ուտել: Պատկերացնու՞մ եք` որքա՞ն դժվար է եղել այդքան կեր հայթայթել հավերժական սառույցների մեջ...

Գիտնականները դեռևս վիճում են` ինչի հետևանքով անհետացան մամոնտները: Ոմանք կարծում են, որ նախնադարյան մարդիկ են բնաջնջել մամոնտներին: Նրանք մամոնտներին որսում էին մսի , տաք մորթու և ոսկորների համար, որոնցից աշխատանքային գործիքներ էին պատրաստում: Սյուսները պնդում են, որ մամոնտները չկարողացան հարմարվել տաք կլիմային, որը փոխարինելու էր եկել սառցե դարաշրջանին:

1.     Ինչի՞ մասին է խոսվում տեքստի մեջ.

   •     Այն մասին, թե ինչպես գտան մամոնտիկ Լյուբայի մնացորդները, ինչպես նաև մամոնտների մասին` ամբողջությամբ վերցրած:
   •     Այն մասին, թե ինչպես են մամոնտները ոչնչացրել զանազան տեսակի բույսեր:

2.     Ինչու՞ մամոնտիկ  Լյուբան դարձավ իսկական հայտնագործություն հետազոտողների համար.

   •     Որովհետև դա գիտության հայտնի ամենահինագույն մամոնտն էր:
   •     Որովհետև մամոնտիկը լավ էր պահպանվել, և գիտնականները կարողացան լավ ուսումնասիրել Լյուբային:

3.    Ի՞նչ ընդհանուր բան կա մամոնտների ու փղերի մեջ.


• Փղերն առաջացել են մամոնտներից:
• Մամոնտներն ու փղերն առաջացել են մեկ ընդհանուր նախահորից. նրանք արտաքինով նման են, և երկու տեսակն էլ համարվում են խոտակեր:


4.    Ինչպե՞ս են մարդիկ բացատրում մամոնտների անհետացումը.


• Որոշ մարդիկ ենթադրում են, որ մամոնտները ոչնչացան մարդկանց արած որսի պատճառով, մյուսները կարծում են, որ մամոնտների համար դժվար էր հարմարվել ավելի տաք կլիմային:
• Կան ենթադրություններ, որ մամոնտներին բնաջնջել են դինոզավրերը:


5.    Ինչո՞վ կարելի է փոխարինել «գյուտ» բառը «Դա իսկական գյուտ էր գիտնականների համար» նախադասության մեջ.


• հայտնագործություն
• հանելուկ


6.    Ո՞ր տարբերակն է իր իմաստով հակադիր «նախնադարյան» բառին «Ոմանք կարծում են, որ նախնադարյան մարդիկ են բնաջնջել մամոնտներին» նախադասության մեջ.


• առաջին
• ժամանակակից

7.    Լրացրե՛ք բաց թողնված բառերը.

Պիտակը    դերձակուհու    չափազանց

* Ես իմ վերարկուն տարա ————— մոտ, որ նա այն կարճացնի:
* Տիգրանը որոշեց վարսակի շիլա պատրաստել, բայց այն ————— քաղցր ստացվեց:
* Սպորտային վերնաշապիկի վրայի ————— ծակծկում էր, և ես այն կտրեցի:

# Մոդուլ 2.8

Ինչպես հայտնի է՝ Ճապոնիայում և որոշ այլ ասիական երկրներում մարդիկ ուտում են ոչ թե պատառաքաղով, այլ փայտիկներով: Նրանց համար, ովքեր փոքր տարիքից չեն տիրապետել փայտիկներին, հետո սովորել դրանցից օգտվել՝ հեշտ գործ չէ: Եղբայրներ՝ Միքայելն ու Նիկոլը տեսան, թե ինպես են փայտիկներով ուտում իրենց սիրելի ճապոնական մուլտֆիլմերում և նույն պահին որոշեցին սովորել այն:

Նրանց խնդրանքով՝ ծնողները սեղան պատվիրեցին ճապոնական ռեստորանում, որտեղ  նրանք գնացին ամբողջ ընտանիքով: Միքայելի ու Նիկոլի մայրն ու հայրը սովորել էին օգտվել փայտիկներից, երբ դեռահաս էին: Նրանց պապիկն օգտվում էր փայտիկներից, ինչպես իսկական սամուրայ: Իսկ ահա, տատիկը միշտ պատառաքաղ էր խնդրում մատուցողից՝ իր, Միքայելի ու Նիկոլի համար:

—Տատի՛կ, իսկ դու մի՞թե չես ուզում փորձել փայտիկներով ուտել՝ ինչպես Ճապոնիայում, — հարցրեցին թոռնիկները:

—Ես չեմ կարծում, որ դանակ-պատառաքաղն ազդում է ուտելիքի

համի վրա, — պատասխանեց տատիկը: — Կարևոր է, որ խոհարարն իր գործը լավ անի: Ի դեպ, սուշին, որ հիմա պատվիրել եք, Ճապոնիայում հաճախ ոչ թե փայտիկով են ուտում, այլ ձեռքով:

—Չի կարող պատահե՛լ... — , զարմացան տղաները:

Միքայելն ու Նիկոլը հիշեցին, որ իրենց տատիկը շատ հետաքրքիր բաներ գիտի: Չէ որ նա պատմություն է դասավանդել համալսարանում և շատ էր սիրում խոսել տարբեր մշակույթներից ու ժամանակաշրջաններից:

—Իմիջիայլոց, — շարունակեց տատիկը, — ձեռքերով են կերել նաև Հին Հռոմում: Լյուսիուս անունով մի ինչ-որ երիտասարդ, ձեր հասակակից, կարող էր, առանց ձևականության, ձեռքերով  ուտել տապակած փասիանը՝ առանց դանակ- պատառաքաղի:

—Իսկ բորշն է՛լ կուտեր ձեռքերով, — հռհռաց Միքայելը:

Նիկոլի հետ միասին՝ նրանք նույն պահին փռթկացին ծիծաղից:

Տատիկը խիստ հայացքով նայեց նրանց:

—Հին Հռոմում բորշ չկար, — հիշեցրեց նա նրանց: — Բայց փոխարենը, յուրաքանչյուր ուտելիքով լի ապսեի մոտ ջրով լի թաս էին դնում: Այն օգտագործում էին ժամանակակից անձեռոցիկի փոխարեն, որպեսզի ցայեն ձեռքերը:

—Իսկ ինչպե՞ս էին Հին Հռոմում ճաշից հետո զվարճանում, — հետաքրքրվեց Նիկոլը: — Չէ՞ որ այն ժամանակ մղլեր չկային:

—Ճիշտ է՝ չկային, — հաստատեց տատիկը: — Դրա փոխարեն հին հռոմեացիները գնում էին բաղնիք:

—Որ լվանա՞ն ձեռքերը ճաշելուց հետո, — որոշեց կատակ անել Նիկոլը:

Այստեղ արդեն քրքջացին նույնիսկ հայրիկն ու մայրիկը:

—Բոլորովին էլ՝ ոչ, — լուրջ տոնով պատասխանեց տատիկը: — Առաջներում բաղնիքները շատ հանրահայտ վայրեր էին: Այնտեղ կարելի էր ոչ միայն մաքրվել ու կտրել մազերը, այլ նաև գբաղվել սպորտով, որպեսզի հանդիպեն և ընկերների հետ մի քիչ զաչանակեն: Ընթերցասերների համար այնտեղ կային նույնիսկ գրադարաններ: Եվ ավելին...

Այնտեղ, մատուցողը բերեց նրանց պատվերը, և բոլորը հաճույքով անցան ուտելուն: Պարզվեց՝ ուտելիքն իսկապես գերազանց էր: Միքայելն ու Նիկոլը փորձեցին ուտել փայտիկներով: Նրանք այնքան քաղցած էին, որ որոշեցին մի ուրիշ անգամ սովորել փայտիկներ օգտագործել: Եղբայրները մի կողմ դրեցին փայտիկները, և սկսեցին ձեռքերով ուտել՝ երևի թե, ինչպես Ճապոնիայում, կամ միգուցե Հին Հռոմու՞մ...

1.     Ինչի՞ մասին է խոսվում տեքստի մեջ.

• Այն մասին, թե ինչպես Միքայելն ու Նիկոլն իրենց տատիկին սովորեցրին փայտիկներով ուտել:
• Այն մասին, թե ինչպես էին Միքայելն ու Նիկոլը, իրենց ընտանիքի հետ միասին, ընթրում ռեստորանում և քննարկում ճապոնացիների ու հին հռոմեացիների ճաշելու սովորույթները:

2.     Ինչպե՞ս են ուտում սուշին Ճապոնիայում՝ տատիկի, Միքայելի ու Նիկոլի կարծիքով.

• պատառաքաղի օգնությամբ
• առանց փայտիկների՝ ձեռքերով

3.     Ի՞նչ նպատակով էին Հին Հռոմում ուտելիքի կողքը ջրով լի թաս դնում.

• Որպեսզի հնարավոր լիներ լվանալ ձեռքերը, քանի որ Հին Հռոմում ձեռքերով էին ուտում:

• Որպեսզի հնարավոր լիներ թասի մեջ լվանալ բանջարեղենն ու միրգը:

4. Ի՞նչ ծառայություններ էին մատուցվում Հին Հռոմի բաղնիքներում.

• Բաղնիքում մարդիկ միայն լողանում էին, քանի որ նրանց տներում ցնցուղ չկար:

• Բաղնիքում հնարավոր էր ոչ միայն լողանալ, այլ նաև կտրել մազերը, զբաղվել սպորտով, կարդալ ու շփվել ընկերների հետ:

5. Ինչո՞վ կարելի է փոխարինել «հասակակից» բառը «Լյուսիուս անունով մի ինչ-որ երիտասարդ, ձեր հասակակից, կարող էր հեշտությամբ ճաշել տապակած փասիանով» նախադասության մեջ.

• Տարեկից, նույն տարիքի մարդ
• Նախորդը

6. Ո՞ր տարբերակն է իր իմաստով հակադիր «հանրահայտ» բառին «Առաջներում բաղնիքները շատ հանրահայտ վայրեր էին» նախադասության մեջ.

• հայտնի
• ոչ տարածված

7. Լրացրե՛ք բաց թողնված բառերը.

- Ամեն տարվա վերջին մենք գնում ենք նայելու իմ սիրելի __________ ` «Մարդուկ-ջարդուկը»:

- Բիլը լուսանկարներով լի հին __________ գտավ, որոնք նայեց մի ամբողջ ժամ:

- __________ խոշոր, բծավոր կենդանի է` կատվազգիների ընտանիքից:

# Մոդուլ 2.9

Դուք երևի լսել եք «առողջ սնուցում» արտահայտությունը»: Այդ մասին հաճախ է խոսվում հեռուստատեսությամբ և համացանցում: Բայց ոչ բոլորն են հասկանում` ինչ է դա նշանակում և ինչու է այդքան անհրաժեշտ առողջ սնվելը:

Որպեսզի մենք մնանք առողջ, ուժեղ և էներգիայով լի, մեր օրգանիզմին անհրաժեշտ են հատուկ սննդանյութեր, որոնք մենք ստանում ենք սննդից:

Շատերն արդեն գիտեն, որ մրգերն ու բանջարեղենը շատ օգտակար են: Նրանց մեջ պարունակվում են վիտամիններ, հանքանյութեր ու մանրաթելեր, որոնք օգնում են մեր օրգանիզմին ճիշտ աշխատել: Կարևոր է սնվել տարբեր մրգերով ու բանջարեղենով, որպեսզի ստանանք օգտակար նյութերի ամբողջ բազմազանությունը:

Մսի, հավի, ձկան, ձվի, ընկի, տոֆուի և ընդեղենի որոշ տեսակների մեջ պարունակվում է մի օգտակար տարր, որը կոչվում է «սպիտակուց»: Սպիտակուցը շինանյութ է մեր օրգանիզմի համար: Որոշ սպիտակուցներ համեմատվում են կոնստրուկտորի դետալների հետ: Եվ

Իսկապես, սպիտակուցները մասնակցում են մկանների և ներքին օրգանների կառուցմանը:

Որոշ սպիտակուցներ նման են փոքրիկ մարտիկների, որոնք պաշտպանում են մեր օրգանիզմը վիրուսներից ու բակտերիաներից, որոնց պատճառով մենք հիվանդանում ենք: Քանի որ սպիտակուցն այդպիսի կարևոր գործառույթ է կատարում մեր օրգանիզմում, անհրաժեշտ է հաճախակի ունտել մթերքներ, որոնք պարունակում են այն:

Մարդու համար շատ կարևոր  մեկ այլ նյութ է կալցիումը: Կալցիում են պարունակում պանիրն ու յոգուրտը, ընկույզները, սերմերը, լոբին և կանաչ բանջարեղենը: Կալցիումը պահպանում  է մեր ոսկորներն ու ատամները և նրանք ամուր դարձնում:

Ածխաջրերը մեզ էներգիա են տալիս մեր օրգանիզմի աշխատանքի համար: Ածխաջրեր կարելի է գտնել շատ մթերքների մեջ, օրինակ, մրգերի և բանջարեղենի մեջ, հատիկաբույսերի մեջ` ինչպիսիք են բրինձը կամ վարսակը, կարտոֆիլի, եգիպտացորենի, ինչպես նաև ընդեղենի մեջ: Ածխաջրերը շատ կարևոր են մարդու առողջության համար, բայց ածխաջրերի որոշ աղբյուրներ այնքան էլ օգտակար չեն:

Շատ գիտնականներ կարծում են, որ մեծ քանակությամբ շաքար պարունակող մթերքների օգտագործումը կարող է վնասակար լինել: Ինչպես նաև, շատ կարևոր է ընտրել այնպիսի մթերքներ, որոնք պատրաստված են ամբողջական հացահատիկից: Այդ ձևով կարելի է ստանալ ավելի շատ օգտակար նյութեր, քան վերամշակված հատիկի մեջ:

Ոմանք պնդում են, որ առողջ սնուցումը մի ամբողջ գիտություն է: Այս թեման իսկապես բազմաթիվ գիտելիքներ է պահանջում: Կարևոր է աստիճանաբար ուսումնասիրել այս խնդիրը և ինքդ քեզ սովորեցնել առողջ սնվել, որպեսզի պահպանես սեփական առողջությունը:

1. Ինչի՞ մասին է խոսվում տեքստի մեջ.

• Սննդարար նյութերի մասին, որոնք մենք ստանում ենք ուտելիքից:
• Այն մասին, թե ինչպես ճիշտ պատրաստել ուտելիքը:

2. Ինչու՞ հանուն առողջության պետք է ջանալ՝ ուտել տարբեր մրգեր ու բանջարեղեն.

• Որովհետև այդպես մենք օժանդակում ենք գյուղատնտեսներին:
• Որովհետև այդպես արդիական է՝ ստանալ պահանջվող օգտակար նյութերի ամբողջական հավաքածուն:

3. Սպիտակուցը շինանյութ է մեր օրգանիզմի համար: Է՞լ ինչով է այն օգտակար.

• Որոշ սպիտակուցներ մասնակցում են վիրուսների ու բակտերիաների դեմ պայքարին:
• Սպիտակուցները կանխում են գլխացավը:

4. Ինչո՞վ է օգտակար ճարպը.

• Ճարպը մեզ էներգիա է տալիս սպորտով զբաղվելու համար:
• Ճարպը պահպանում է մեր ոսկորներն ու ատամները և դրանք ամուր դարձնում:

5. Ինչո՞վ կարելի է փոխարինել «գործառույթ» բառը « Քանի որ սպիտակուցն այդպիսի կարևոր գործառույթ է կատարում մեր

օրգանիզմում, անհրաժեշտ է հաճախակի ունտել մթերքներ, որոնք պարունակում են այն» նախադասության մեջ.

- աշխատանք
- առաջարկություն

6.  Ո՞ր տարբերակն՝ իր իմաստով հակադիր «բազմազանություն» բառին «Կարևոր է ունվել տարբեր մրգերով ու բանջարեղենով, որպեսզի ստանանք օգտակար նյութերի ամբողջ բազմազանությունը» նախադասության մեջ.

- խայտառակություն
- միատարրություն

7.  Լրացրե՛ք բաց թողնված բառերը.

գրուցում էին    փնթփնթում էինք    հորիգնում

- Մենք հերթով _____________ նրա համար, որ շատ շոգ էր, իսկ օդորակիչը չէր աշխատում։
- Տատիկներն անխոռով _____________ պատշգամբում միմյանց պատմելով իրենց թոռնիկների մասին։
- Մայրիկը մեզ տարավ լճի մոտ` վաղ առավոտյան դիմավորելու արևածագը, և մենք բոլորս սպասում էինք _____________ արևի հայտնվելուն։

# Մակարդակ 3

## Մոդուլ 3.1

Այսօր ճաշին հայրիկը կարտոֆիլ տապակեց Դավիթի ու նրա երեք տարեկան եղբոր` Միերի համար: Դավիթը կարտոֆիլի վրա կետչուպ լցրեց, իսկ հայրիկն իր համար կծու սոուս հանեց: Միերն էլ հրաժարվեց կետչուպից. դրա փոխարեն նա հայրիկից խնդրեց փորձել իր կծու սոուսը:

—Այս սոուսը նույնիսկ ինձ համար է կծու, — բացատրեց հայրիկը: — Դրանից հաստատ քո փորիկը կցավի: Ես քեզ առաջարկում եմ փորձել կետչուպը:

Բայց Միերը կետչուպ չէր ուզում: Դրա փոխարեն նա հանկարծ աթոռից սողաց գետնին, սկսեց լաց լինել, բարձրաձայն պահանջել կծու սոուսը և նույնիսկ` փոքրիկ բռունցքներով հարվածեց հատակին:

—Այս ի՞նչ պատահեց նրան, — լուրջ վախեցավ Դավիթը: Չնայած Միերը չարաճճի էր, բայց իրեն դեռ այդպես չէր պահել և միշտ լսել էր ծնողներին:

—Երկու-երեք տարեկան երեխաների մոտ այդպես հաճախ է պատահում, — բացատրեց հայրիկը: — Նրանք արդեն բավական մեծ են, որ հասկանան և զգան, բայց դեռ չեն սովորել տիրապետել իրենց զգացմունքներին:

—Միերի՛կ, — դիմեց հայրը փոքրիկին: — Վե՛ր կաց, մեր փոքրի՛կ «անդերթալ»:

—Ես «անդերթալ» չե՛մ... — ոտքը ուժեղ գետնին խփեց Միերը:

Դավիթն ու հայրիկը ծիծաղեցին:

—Իսկ ովքե՞ր են այդ նեանդերթալները, — հարցրեց Դավիթը: 

—Նեանդերթալը հնագույն մարդկանց տեսակ է, որոնք վաղուց ապրել են երկրի վրա, բայց հետո անհետացել են, — պատասխանեց հայրիկը:

—Ինչպե՞ս թե, — լավ չհասկացավ Դավիթը:

—Ահա, օրինակ, մեր Թիթիզ կատուն ու ջունգլիներից որևէ վագր. երկու տարբեր կենդանիներ, բայց երկուսն էլ՝ կատվազգիներից: Նրանք ունեն ընդհանուր բնորոշ՝ բայց նաև շատ տարբեր գծեր: Ճիշտ այդպես էլ՝ մենք ու նեանդերթալները. նույն ցեղի մարդկանց տարբեր տեսակներ:

—Իսկ մեր տեսակն ինչպե՞ս է կոչվում, — հարցրեց Դավիթը:

( Այդ ընթացքում Միհերը հանդարտվել ու լսում էր հոր ու մեծ եղբոր զրույցը: )

—Գիտնականները մեզ անվանում են «բանական մարդ», չնայած՝ երբեմն որոշներն իրենց շատ անբանական են պահում: Օրինակ, երբ նրանց կծու սոուս չեն տալիս, — կատակեց հայրիկը: — Իսկ ընդհանրապես, գիտության հայտնի է ընդամենը ինը տեսակ մարդ. մենք, նեանդերթալները, դենիսովյան մարդը, ֆլորեսյան մարդ, կային նաև ուրիշներ։ Բայց այսօրվա օրով մոլորակի վրա մնացել ենք միայն մենք:

—Իսկ որտեղի՞ց ենք մենք իմացել ուրիշ մարդկանց մասին, — չէր հանգստանում Դավիթը:

—Այսպիսի մի գիտություն կա՝ հնագիտություն: Հնաբան գիտնականները պեղումներ են կատարում, հնադարյան կյանքի հետքեր են փնտրում, որոնք պահպանվել են գետնի խորքում: Տարբեր մանրամասներից նրանք եզրահանգումներ են անում, թե ինչպես են մարդիկ ապրել նախկինում, ինչով են զբաղվել, ինչ են սիրել: Օրինակ, այն տեղերում, որտեղ նեանդերթալներն են ապրել, նրանք գտել են փայլուն խեցիներ: Գիտնականները ենթադրում են, որ նեանդերթալները սիրել են զարդարել առարկաները և ձգտում են ունեցել դեպի արվեստը:

—Ուրեմն, նրանք այնքան էլ տգետ ու վայրենի չէին` ինչպես մի քանիսը, — ծիծաղելով նկատեց Դավիթը` ցույց տալով կրտսեր եղբորը: — Այնպես որ, Մհերի՛կ, դու իսկապես «անդերթալ» ես:

—Ո՛չ, — լուրջ տոնով հայտարարեց Մհերը` տեղավորվելով սեղանի մոտ: — Ես միտքս փոխեցի` չեմ ադմկելու: Ես ինձ լավ եմ պահելու` ինչպես նեանդերթալը:

1.    Ինչի՞ մասին է խոսվում տեքստի մեջ.


•    Հայրիկի ու իր տղաների զրույցի` մարդու հնագույն տեսակների մասին:
•    Այն մասին, թե ինչպես են մարդիկ առաջացել նեանդերթալներից:


2.    Քանի՞ հնագույն մարդու տեսակ է հայտնի մինչև օրս.


•    Մենք գիտենք միայն նեանդերթալների մասին:
•    Գիտությանը հայտնի են մարդկանց ինը տեսակներ:


3.    Ինչպե՞ս են կոչում գիտնականներին, որոնք ուսումնասիրում են  նաև հնագույն մարդկանց.


•    իմժեներներ
•    հնագետներ


4.    Ինչպե՞ս բացատրեց հայրը, թե ինչու էր ադմկում Մհերը.

- Մերը դեռ չէր սովորել տիրապետել իր զգացմունքներին:
- Մերը սովորել էր հասնել իր ուզածին` գործրողով:

5. Ինչո՞վ կարելի է փոխարինել «փայլուն» բառը «Օրինակ, այն տեղերում, որտեղ նեանդերթալներն են ապրել, նրանք գտել են փայլուն խեցիներ» նախադրության մեջ.

- պղտոր
- շողշողացող

6. Ո՞ր տարբերակն է իր իմաստով հականիշ «բանական» բառին «Գիտնականները մեզ անվանում են «բանական մարդ»» նախադասության մեջ.

- հիմար
- ողջամիտ

7. Լրացրե՛ք բաց թողնված բառերը.

ծանրթացանք    Մանկությունը    բզզում

- Դպրոցական տոնին մենք ____________ բասկետբոլի թիմի մարզչի հետ:
- Լսվում էր, թե ինչպես են մոտակայքում ____________ մեղուները:
- ____________ գրողն անց է կացրել Նյու-Յորքից հյուսիս ընկած մի փոքրիկ քաղաքում:

# Մոդուլ 3.2

Ներսեսին շատ կարևոր հանձնարարություն տվեցին: Նա պետք է արտագրեր պատմության գիրքը, որ վաղուց էր երազում կարդալ: «Արտագրության վրա կգնա մեկ տարուց ոչ պակաս», — մտածեց նա: Ներսեն ապրում էր հեռավոր 13-րդ դարում՝ վանքում: Այդ ժամանակներում մարդիկ դեռևս չէին կարողանում գիրք տպագրել: Դրա փոխարեն՝ վանականներն էին ձեռքով արտագրու՛մ գրքերը:

Ներսեսը շատ էր հպարտանում, որ իրեն այդպիսի պատասխանատու գործ են հանձնարարել: Գրել՝ նա սովորել էր այստեղ՝ վանքում, և շատերն էին ասում , որ նա կոկիկ ձեռագիր ունի: Կարևոր էր կարողանալ ամեն ինչ  արտագրել գեղեցիկ ու անսխալ: Դա հեշտ աշխատանք չէր, քանի որ այդ ժամանակ գոյություն չունեին ո՛չ գրիչներ, ո՛չ թղթեր: Տառերը հատուկ գործիքներով փորագրու՛մ էին կենդանու մշակված կաշվի վրա...

Վանքի ավագ քահանան Ներսեսի  աշխատանքի համար բարձր որակի մագաղաթ գնեց: Մագաղաթը, որ պատրաստված էր հորթի կաշվից, շատ թանկ արժեր: Գիրքը հաստափոր էր. հինգ հարյուր էջ՝ ոչ ավել, ոչ պակաս: Ներսեսը ենթադրում էր, որ այդ քանակի մագաղաթի համար մի ամբողջ նախիր հորթ է պահանջվել: Դրա համար էլ նա տառերն իրարից շատ թիփ էր դնում, որ մագաղաթը հաստատ հերիքեր:

Յուրաքանչյուր էջի առաջին մեծատառն անվանում էին «գլխագիր»: Այն նկարում էին առանձին, հաճախ գունավոր ներկերով, և զարդարում տարբեր նախշերով: Ներսեսը դեռ չէր կարողանում դա անել: Բայց և այնպես, նա հույս ուներ, որ եթե հանձնարարությունը հաջող կատարի, վանքի քահանան թույլ կտա իրեն գլխատառեր նկարելու դասեր առնել:

Այդ ժամանակ գրքերը չափազանց թանկ էին, որովհետև մագաղաթն ինքը թանկ արժեր, արտագրելու ընթացքն էլ ձգվում էր ամիսներ: Միայն շատ հարուստ ու հայտնի մարդիկ կարող էին թույլ տալ իրենց մեկ կամ երկու գիրք գնել: Հիմնականում գրքերը պահպանվում էին վանքերում ու համալսարաններում:

Ներսեսն ընդամենը 12 տարեկան էր, բայց նա հասկանում էր` ինչպես է իր բախտը բերել: Նա արդեն գրագիտություն էր սովորել, կարողանում էր գեղեցիկ գրել, և ամենագլխավորը, շրջապատված էր թանկարժեք գրքերով, որոնք կարդում էր ինքնամոռաց:

Ներսեսն ավարտեց առաջին նախադասությունը և հոգոց հանեց: Նա երևակայում էր, որ երբևէ, հարյուրավոր տարիներ հետո, մարդիկ գիրք արտագրելու ավելի արագ միջոց կմտածեն: Նա դեռ չգիտեր` ինչպես է դա հնարավոր: Ներսեսը պատկերացրեց, որ հետագայում գրքերն այդքան թանկ չեն արժենա: Այդ դեպքում, հնարավոր է, նույնիսկ ամենաաղքատ ընտանիքում գոնե մի գիրք լինի:

Ներսեսը դուրս նայեց իր խցի լուսամունից: Արևը փայլում էր և գարնանային տաք անձրև էր մաղում: Առջևում Ներսեսին սպասվում էր մի ամբողջ տարի, որի ընթացքում նա ամեն օր ջանասիրաբար արտագրելու էր էջ առ էջ:


1.   Ինչի՞ մասին է խոսվում տեքստի մեջ.


   •   Ներսես անունով տղայի մասին, որն ապրել է 13-րդ դարում և գրքեր արտագրել վանքում:
   •   Այն մասին, թե ինչպես մարդիկ սովորեցին գրքեր տպագրել:


2.   Ինչու՞ նախքան տպագրական մեքենայի հայտնագործումը գրքերն այդքան թանկ արժեին.


   •   Որովհետև գրքերը զարդարում էին թանկարժեք քարերով:

- Որովհետև հորթի կաշին թանկ արժեր և արտագրության գործընթացը տևում էր շատ ամիսներ:

3. Ինչպե՞ս էին ստեղծում գրքերը՝ նախքան տպագրական մեքենայի ի հայտ գալը.

- Տառերը՝ հատուկ գործիքներով փորագրում էին կենդանիների մշակված կաշվի վրա:
- Նախքան տպագրական մեքենայի ի հայտ գալը գրքեր չէին ստեղծում:

4. Ինչի՞ մասին էր երազում Ներսեսը.

- Այն մասին, որ հետագայում գրքերը հասանելի լինեն նաև հասարակ մարդկանց:
- Այն մասին, թե ինչպես է ինքը հայտնի գրող դառնալու:

5. Ինչո՞վ կարելի է փոխարինել «ինքնամռաց» բառը «Նա արդեն գրագիտություն էր սովորել, կարողանում էր գեղեցիկ գրել, և ամենագլխավորը, շրջապատված էր թանկարժեք գրքերով, որոնք կարդում էր ինքնամռաց» նախադասության մեջ.

- երանությամբ
- հանգստությամբ

6. Ո՞ր տարբերակն է իր իմաստով հակադիր «ջանասիրաբար» բառին «Արշլունմ Ներսեսին սպասվում էր մի ամբողջ տարի, որի ընթացքում նա ամեն օր ջանասիրաբար արտագրելու էր էջ առ էջ» նախադասության մեջ.

* գայրացած
* ծուլորեն

7.  Լրացրե՛ք բաց թողնված բառերը.


Շարժում էր     մեղավոր     Պահել


* Կատուն ______________ տեսքով քսմսվում էր տիրուհու ոտքերին՝ փորձելով ներողություն հայցել սեղանի վրայից գողացած ձկան համար:
* Ամեն օր Ռոքի շունը մեզ դիմավորում էր դռների մոտ և ուրախությունից ______________ պոչը:
* ______________ թութակ՝ Գայանեին համոզել էր ընկերուհին, որի ծնողները նույն բանը թույլ չէին տվել իրեն անել:


# Մոդուլ 3.3

Այսօր բոլորին է հայտնի, որ Երկիր մոլորակը, որի վրա մենք ապրում ենք, կլոր է և պտտվում է Արեգակի շուրջը: Երկրի հետ միասին՝ Արեգակի շուրջը պտտվում են Արեգակնային համակարգի այլ մոլորակներ: Մինչդեռ, մի քանի դար առաջ  մարդիկ տիեզերական տարածությունը պատկերացնում էին բոլորովին այլ կերպ:

Մարդիկ միշտ խորհել են Տիեզերքի ու աստղերի մասին և փորձել գտնել տարածության հետ կապված հարցերի պատասխանները: Ի՞նչ տեղ է սա, որտեղ մենք ապրում ենք: Ինչու՞ են իրար հաջորդում գիշերն ու ցերեկը: Այդ ի՞նչ պայծառ կրակներ են երկնքում, որոնց մենք աստղեր ենք անվանում: Մարդիկ լեգենդներ են հորինել երկրի ու երկնքի մասին: Դրանցից մեկն էլ  եղել է երեք կետերի մասին լեգենդը: Մարդիկ 81 հավատում էին, որ մեր Երկիրը հարթ է և ամուր հենված է երեք կետերի մեջքին:

Մարդիկ մանրազննին կերպով հետևում էին երկնքին և ուսումնասիրում մոլորակների ու աստղերի շարժը երկնքում: Ինչ-որ պահի մարդիկ մտծեցին, որ Երկիրը համայն Տիեզերքի կենտրոնն է, իսկ Արեգակն ու մյուս մոլորակները պտտվում են նրա շուրջը: Այսօր մենք գիտենք, որ դա այդպես չէ: Չնայած՝ հարյուրավոր տարիներ շարունակ ենթադրվում էր, որ Երկիրն ամենակարևոր տեղն է ամբողջ Տիեզերքում: Մոտավորապես հինգ հարյուր տարի առաջ լեհ գիտնական Նիկոլայ Կոպեռնիկոսը ապացուցեց, որ Երկիրն է պտտվում Արեգակի շուրջ, և ոչ թե հակառակը:

Իր հայրենի Լեհաստանում Նիկոլայ Կոպեռնիկոսը եղել է հայտնի բժիշկ և աստղագիտության՝ այն է, տիեզերքի մասին գիտությունների գիտակ: Երկար տարիներ Կոպեռնիկոսը մանրակրկիտ ուսումնասիրել է երկնային մարմինների շարժը և գրի առել իր հետևությունները: Երկար ուսումնասիրություններից ու բարդ հաշվարկներից հետո նա եկավ այն եզրահանգման, որ Երկիրը Տիեզերքի կենտրոն չի հանդիսանում:

Մեզ թվում է, թե Երկիրն անշարժ է, իսկ մնացած երկնային մարմինները պտտվում են նրա շուրջը: Բայց դա բոլորովին էլ այդպես չէ: Իրականում, Երկիրն ու մյուս մոլորակները յուրաքանչյուր վայրկյանում կտրում են հարյուրավո՛ր կիլոմետրեր՝ պտտվելով Արեգակի շուրջը... Պարզապես մենք այն չենք նկատում: Ո՛չ Երկիրը, ո՛չ Արեգակը չեն հանդիսանում Տիեզերքի կենտրոն, և այնպիսի մոլորակներ, ինչպիսին Երկիրն է, ու այնպիսի աստղեր, ինչպիսին Արեգակն է՝ գոյություն ունեն հսկայական քանակությամբ...

Կոպեռնիկոսն ուզում էր իր հայտնագործությունը իրազեկ դարձնել այլ մարդկանց: Երեսուն տարի շարունակ նա աշխատեց «Երկնային ոլորտների պտույտի մասին» գրքի վրա և մանրակրկիտ ձևով պատմեց իր ուսումնասիրությունների ու հետևությունների մասին: Կոպեռնիկոսը հասցրեց իր մահից ոչ շատ առաջ իր գիրքը տպագրված տեսնել: Նա մահացել է 70 տարեկան հասակում՝ հիվանդությունից: Այդ ժամանակներում գրքերն այնքան էլ տարածված չէին, ինչպես հիմա են: Այդ պատճառով՝ Կոպեռնիկոսի աշխատությունը սկզբնական շրջանում կարդում էին միայն գիտնականները: Սկզբում նրանք դա անում էին բացարձակապես ազատ: Շուտով Կոպեռնիկոսի տեսությանը հետևորդներ հայտնվեցին: Բայց կային նաև մարդիկ, որոնց բոլորովին դուր չէր գալիս Կոպեռնիկոսի բացահայտումը: Նրանք ուզում էին շարունակել հավատալ, որ Երկիրն է Տիեզերքի ամենակարևոր տեղը: Այդ պատճառով՝ Կոպեռնիկոսի գիրքը երկար ժամանակ արգելված էր կարդալ: Նրանք, ովքեր գաղտնի կարդում էին այն, պատժվում էին, իսկ գիրքը՝ վառու՛մ...

Շատ երկար տարիներ պահանջվեց, որ մարդիկ վերջապես ընդունեն Կոպեռնիկոսի տեսության ճշմարտությունը: Իսկ ի երախտագիտություն նրա քրտնաջան աշխատանքի և բացահայտումների՝ Կոպեռնիկոսի անունով կոչվեց Լուսնի վրա գտնվող խառնարաններից մեկը:


1.   Ինչի՞ մասին է խոսվում տեքստի մեջ.

•   Այն մասին, թե ինչու Երկրի վրա գոյություն ունեն գիշեր ու ցերեկ:

•   Այն մասին, թե ինչ էին մտածում մարդիկ Երկրի ու Տիեզերքի, Կոպեռնիկոսի հայտնագործությունների մասին:


2.   Ո՞ր հնագույն լեգենդն է պատմում այն մասին, թե որտեղ է գտնվում Երկիրը.

- Երեք կետերի մասին լեգենդը
- ադվեսի մասին լեգենդը

3. Ինչպիսի՞ն էր եվրոպական պատկերացումն աշխարհի և Տիեզերքի մասին նախքան Կոպեռնիկոսի ասպարեզ գալը.

- Համարվում էր, որ Լուսինն է Տիեզերքի կենտրոնը:
- Համարվում էր, որ Երկիրն է Տիեզերքի կենտրոնը և, որ բոլոր աստղերն ու Արնը պտտվում են նրա շուրջը:

4. Ինչի՞ մեջ էր կայանում Կոպեռնիկոսի գլխավոր բացահայտումը.

- Նա հասկացավ, որ ոչ Երկիրը, ոչ էլ Արեգակը չեն հանդիսանում Տիեզերքի կենտրոն և, որ Երկիրը պտտվում է Արեգակի շուրջը՝ ոչ թե հակառակը:
- Նա հասկացավ, որ Երկիրը Արեգակից հին է:

5. Ինչո՞վ կարելի է փոխարինել «տարածված» բառը «Այդ ժամանակներում գրքերն այնքան էլ տարածված չէին, ինչպես հիմա են» նախադասության մեջ.

- արգելված
- հանրահայտ

6. Ո՞ր տարբերակն է իր իմաստով հակադիր «մանրակրկիտ» բառին «Երեսուն տարի շարունակ նա աշխատեց «Երկնային ոլորտների պտույտի մասին» գրքի վրա և մանրակրկիտ ձևով պատմեց իր ուսումնասիրությունների ու հետևությունների մասին» նախադասության մեջ.

- հակիրճ
- մանրամասն

7.  Լրացրե՛ք բաց թողնված բառերը։

կասկածանքով   ստացվում է   ջանքեր

- Նրա մոտ ___________ շատ գրավիչ ձևով պատմել իր ճանապարհորդությունների մասին։
- Խուզարկուն մեծ ___________ զննեց սրճարանը։
- Մեծ ___________ պահանջվեց ծանրածորը բարձրացնելու համար։

# Մոդուլ 3.4

«Հարյուր և մեկ դալմաթացիներ» գիրքը չափազանց հանրահայտ է արդեն շատ տարիներ շարունակ։ Այն պատմում է գրավիչ, պատավոր շնիկների արկածների մասին։ Մեր շուրջը բավական հաճախ կարելի է հանդիպել դալմաթյան շների։ Ո՞վ ասպարեզ բերեց այս ցեղատեսակը, և սա ի՞նչ շուն է։

Իր անունը դալմաթացին ստացել է Դալմաթիա շրջանից, որը գտնվում է Խորվաթիայում։ Այս ցեղատեսակի պատմությունն այնքան հեռու է գնում, որ արդեն ոչ ոք չի հիշում՝ որտեղից են առաջացել այս շները, և ով նրանց ի հայտ բերեց։ Հնայած հայտնի է, որ Դալմաթիան եղել է նրանց առաջին բնօրրանը։ Հենց այդ պատճառով՝ 18-րդ դարում անգլիացի գիտնական Թոմաս Բյուկը այդ ցեղատեսակին անվանում տվեց, որով նա մինչև օրս հայտնի է։

Դալմաթյան շնիկներն ամբողջությամբ սպիտակ են ծնվում, առանց որևէ պտի։ Առաջին սև նշանները նրա մորթու վրա սկսում են հայտնվել,
85

երբ լրանում է շիկի 3-4 շաբաթը: Մեկ ամսեկան հասակում շիկի մորթին արդեն պատված է լինում պտերով՝ ինչպես հասուն շանը: Երբեմն հանդիպում են շագանակագույն պտերով դալմաթացիներ, բայց դա շատ հազվադեպ է լինում:

Շնորհիվ իրենց խելքի ու ընբռնողության՝ դալմաթացիները տարբեր հանձնարարություններ են ստանձնել: Ինչ-որ ժամանակ, շատ վաղուց, դալմաթյան շներին օգտագործել են որպես պահապաններ: Զինվորների հետ միասին՝ նրանք թշնամիներից պաշտպանել են Դալմաթիայի սահմանները: Իհարկե, այս շներին վերցնում էին նաև որսի գնալիս: Դալմաթացիներն ապացուցել են, որ իրենք կարող են պահապաններից ոչ պակաս որսորդներ լինել:

Երբ մարդիկ հասկացան, որ դալմաթացիները լեզու են գտնում ձիերի հետ, նրանք ևս մի հետաքրքիր զբաղմունք մտածեցին

նրանց համար: Դալմաթացիներն սկսեցին ուղեկցել ձիերին, որոնք քաշում էին հրշեջ կայաններ տեղափոխող սայլերը և օգնել հրդեհի մարմանը: Նրանք վազում էին հրշեջ բրիգադի առջևից՝ ճանապարհ բացելով ձիերի համար:

Այդպես հրշեջները կարողանում էին ժամանակին հասնել կրակին:

Եվ քանի որ հրշեջ բրիգադներն օգտագործում էին ամուր ու դիմացկուն ձիեր՝ նրանք բավականին թանկ արժեին: Այդ պատճառով, հրշեջ բաժանմունքի ձիարանն անհրաժեշտ էր պահպանել գողերից: Հենց դրանով էլ զբաղվում էին դալմաթացիները, երբ քաղաքում հանգիստ էր, և ոչ մի տեղ ոչինչ չէր այրվում: Դալմաթյան շանը նույնիսկ դարձրին հրշեջ պաշտպանության բրիգադի խորհրդանիշ:

19-րդ դարում շատ նորաձև դարձավ դալմաթացիներին որպես ուղեկցող շուն օգտագործելը: Իհարկե, դա իրենց կարող էին թույլ տալ միայն բարեկեցիկ կյանքով ապրող մարդիկ, որոնք ունեին սեփական շքախումբ կամ կառք: Դալմաթացիները վազում

86

Էին շքախխմբի կողքով՝ ուղեկցելով տիրոջն ու հսկելով ձիերին։ Տերերը գիտեին, որ դալմաթացիների վրա կարելի է հույս դնել։ Հենց դրա համար էլ նրանք գերազանց պահապան շների համբավ էին վայելում։

Այսօր դալմաթյան շներին պահում են որպես ընտանի կենդանի, իսկ երբեմն էլ, նրանք խաղում են ֆիլմի մեջ։


1.   Ինչի՞ մասին է խոսվում տեքստի մեջ։


   •   Այն մասին, թե ինչպես ֆիլմ նկարահանվեց դալմաթացիների մասին։
   •   Դալմաթացիների մասին։


2.   Որտեղի՞ց են դալմաթացիներն ստացել իրենց անվանումը։
   •   Դալմաթիա շրջանից, որը գտնվում է  Խորվաթիայում։
   •   «Դալմա» բառից»


3.   Ինչպիսի՞ն են ծնվում դալմաթացիների ձագերը։

   •   Նրանք պտավոր են ծնվում։
   •   Նրանք բացարձակապես սպիտակ են ծնվում։


4.   Ի՞նչ նպատակով էին օգտագործում դալմաթյան շներին։

   •   Հսկողության, որսի և որպես հրշեջ թիմի մի մաս։
   •   Նրա համար, որ հանցագործ փնտրեն։


5.   Ինչո՞վ կարելի է փոխարինել «ընբռնողության» բառը  «Շնորհիվ իրենց խելքի ու ընբռնողության, դալմաթացիները տարբեր հանձնարարություններ են ստանձնել» նախադասության մեջ.   87

- ուշիմության
- համարձակության

6.   Ո՞ր տարբերակն է իր իմաստով հակադիր «դիմացկուն» բառին «և քանի որ հրշեջ բրիգադներն օգտագործում էին ամուր ու դիմացկուն ճիեր՝ նրանք բավականին թանկ արժեին» նախադասության մեջ.

- թույլ
- ուժեղ

7.   Լրացրե՛ք բաց թողնված բառերը.

հաճույքով    թռչում է    գերազանցեց

- Ելակով անուշեղենը ___________ բոլոր սպասումները։
- Երեխաները ___________ սկեցին կարտոֆիլ մաքրել։
- Թեստն այնքան էլ հեշտ չէր, և թվում էր՝ ժամանակը ___________ չափազանց արագ։

# Մոդուլ 3.5

Արփին ու Արան համոզված էին, որ դասական երաժշտությունը ճանճրալի է, իսկ երաժշտական թատրոն գնալը՝ ժամանակի բացարձակ վատնում։ Երբ տատիկը հայտնեց նրանց, որ օպերետի տոմսեր է գնել, քույր ու եղբայր այնքան էլ չուրախացան։ Այդ ժամանակ տատիկը խոստացավ ցույց տալ նրանց նվագախմբի փոսը։ Իսկ թե ինչու համերգասրահում փոս կա՝ Արփին ու Արան չգիտեին։ Այնուամենայնիվ, բավականին տարօրինակ էր ինչում։ Նրանք համաձայնեցին տատիկի հետ համերգ գնալ։

Համերգասրահում Արան ու Արփին սկզբում զրված էին և բազկաթոռի մեջ անհանգիստ դեսուդեն էին ընկնում: Բայց շուտով կախարդական հնչյունները հմայեցին նրանց, և նրանք իրենք էլ չնկատեցին՝ ինչպես սկսեցին ուշադրությամբ երաժշտություն լսել:

Ընդմիջման ընթացքում տատիկը, ինչպես և խոստացել էր, նրանց տարավ նվագախմբի փոսի մոտ: Պարզվեց, որ նվագախմբի փոս է կոչվում բեմի և լարանի միջև ընկած տարածությունը, որտեղ տեղավորվում են երաժիշտները՝ իրենց գործիքներով հանդերձ: Այդ տեղը փոս է կոչվում, որովհետև այն սովորաբար խորընկած էր, նրա համար, որ երաժիշտները չծածկեն բեմը: Մինչ երեխաներն ուշադիր նայում էին գործիքներին, նրանց մոտեցավ երաժիշտներից մեկը:

—Իսկ դուք ի՞նչ գործիք եք նվագում, — հարցրեց Արփին:

—Թավջութակ, — բացատրեց երաժիշտը: — Իսկ կողքին ջութակահարների խումբն է: Նվագախմբում բոլոր գործիքները բաժանվում են չորս խմբի. այդպես դիրիժորի համար ավելի հեշտ է հետևել բոլորին:

—Իսկ դրանք գործիքների ի՞նչ խմբեր են, — հարցրեց Արան:

—Թավջութակն ու ջութակը լարային գործիքներ են: Կան նաև փայտյա փողային գործիքներ, որոնց խմբին են դասվում ֆլեյտան ու կլարնետը: Տեսնու՞մ եք տրոմբոնն ու շեփորը: Դրանք նույնպես փողային են, բայց պղնձյա: Եվ իհարկե՝ հարվածային գործիքները:

—Ափսե՛նե՛րը, — ծիծաղեց Արան:

—Նվագախմբում դրանք կոչում են լիտավրներ, — ուղղեց նրան թավջութակահարը: Այստեղ նա խորամանկորեն ժպտաց և հարցրեց. — Իսկ դուք երբևէ լսե՞լ եք ծովային երգեհոնի մասին:

—Երգեհոնը մի հսկա երաժշտական գործիք է՝ փողերով, որ կարելի է նվագել ստեղների վրա, — հայտարարեց Արփին: —

Ճանապարհորդության ժամանակ ես եկեղեցում մի անգամ լսել եմ երգեհոնի նվագը: Բայց մի՞թե այն կարելի է նվագել ջրի տակ: Չէ՞ որ այն շատ արագ կփչանա ծովի աղի ջրից:

—Սովորական երգեհոնը, իհարկե, կփչանա, — հաստատեց ջրթակահարը: —Բայց ծովային երգեհոնը շատ յուրահատուկ է:

Թավջրթակահարը պատմեց Արփիին ու Արային, որ խորվաթական Զադար քաղաքի ծովափին է տեղադրված ամենագարմանալի գործիքներից մեկը՝ ծովային երգեհոնը: Ծովափ այցելողները լսում են հեքիաթային մեղեդին, չնայած ոչ գործիքն ինքնին, ոչ էլ կատարողը ոչ մի տեղ չեն երևում:

Ծովային երգեհոն կառուցելու գաղափարն առաջացել է, երբ անհրաժեշտ էր վերանորոգել Զադարի ծովափը: Այն ավերվել էր Երկրորդ համաշխարհային պատերազմի ժամանակ: Այդ ժամանակ ճարտարապետ Նիկոլայ Բաշիչը հետաքրքիր նախագիծ առաջարկեց, որը ժամանակի ընթացքում Զադարին անհավանական ճանաչում բերեց:

Այդ երգեհոնը՝ ծովափի երկար, սպիտակ աստիճաններն են, որ հասնում են ուղիղ ջրի եզրը... Աստիճանի ներսում պոլիէթիլենային խողովակներ են տեղադրված, իսկ սանդղամատերի վրա հատուկ անցքեր են արված: Հենց դրանցով է հոսում, ծովափին տարածվում հեքիաթային մեղեդին: Իսկ այդ տարօրինակ երգեհոնը նվագում են ափամերձ քամին ու տաք ծովի ալիքները, որոնք անցնում են երգեհոնի խողովակներով:

Մեղեդու ծավալն ու տոնայնությունը կախված են քամու ուժգնությունից և ալիքների բարձրությունից: Իսկ արդյո՞ք այսօր աշխույժ քայլերդ, թե տխուր մեղեդի կլսեք ծովափին՝ հնարավոր չէ գուշակել: Բնությունն ինքն է համերգ տալիս  Զադարի երգող ափերին...

1.    Ինչի՞ մասին է խոսվում տեքստի մեջ.

•    Այն մասին, թե ինչպես Արփին ու Արան ներկա եղան սիմֆոնիկ երաժշտության համերգին և իմացան ծովային երգեհոնի մասին:
•    Այն մասին, թե ինչպես Արփին ու Արան սովորեցին երգեհոն նվագել:

2.    Ի՞նչ էին սկզբում մտածում Արփին ու Արան դասական երաժշտության և սիմֆոնիկ նվագախմբի մասին.

•    Նրանք ուզում էին լինել սիմֆոնիկ նվագախմբի կազմի մեջ:
•    Նրանք կարծում էին, որ դա շատ ծանձրալի զբաղմունք է:

3.    Ինչու՞ է նվագախմբի փոսը հաճախ տեղակայված լինում խորքության մեջ.

•    Որովհետև այնտեղ տաք է:
•    Որպեսզի նվագախումբը չփակի հանդիսատեսի տեսադաշտը:

4.    Ինչպիսի՞ չորս խմբերի են բաժանվում երաժշտական գործիքները նվագախմբի մեջ.

•    Հարվածային և ստեղնաշարային:
•    Պղնձյա փչող, փայտյա փչող, լարային և հարվածային:

5.    Ինչպիսի՞ բառով կարելի է փոխարինել «հմայեցին» բառը «Բայց շուտով կախարդական հնչյունները հմայեցին նրանց» նախադասության մեջ.

- գրավեցին
- շեղեցին

6. Ո՞ր տարբերակն է իր իմաստով հակադիր «խորամանկորեն» բառին «Այստեղ նա խորամանկորեն ժպտաց և հարցրեց» նախադասության մեջ։


- անկեղծորեն
- թեթնակի


7. Լրացրէ՛ք բաց թողնված բառերը։


տարուբերում էր     ճնշված     թարմացնում


- Աշնանը շատերի տրամադրությունը ____________ է լինում, իսկ ես պարզապես վայելում եմ տարվա այդ եղանակը։
- Լեռնային մաքուր օդը մի բաճակ սուրճից պակաս չի ____________։
- Ծովի թեթև քամին ____________ տատիկի՝ արևից փայլող մազերը։


# Մոդուլ 3.6

Անվիճելի է, որ ամենագլխավոր ու ամենակարևոր սպորտային իրադարձությունը Օլիմպիական խաղերն են։ Լողորդներն ու վոլեյբոլիստները, վազորդներն ու հեծանվորդները, դահուկորդներն ու սնոուբորդիստները, ինչպես նաև շատ ուրիշ մարզիկներ պայքարում են օլիմպիական չեմպիոնի տիտղոսի համար։ Որտեղի՞ց է ծայր առել

Օլիմպիական խաղերի անց կացման սովորույթը և ինչու՞ են նրանք ստացել այդ անվանումը:

Օլիմպիական խաղերն առաջին անգամ տեղի են ունեցել Հին Հունաստանում հարյուրավոր տարիներ առաջ: Հունական պետություններից մեկի թագավորը որոշեց ատլետիկայի մրցույթ անց կացնել, որպեսզի իր ժողովուրդը կարողանա լիցքաթափվել անվերջանալի պատերազմներից: Նա միացավ ևս երկու հունական տիրակալներ, և նրանք միասին անց կացրին այդ խաղերը:

Խաղերի անց կացման վայր ընտրվեց հունական Օլիմպիա քաղաքը, և հենց այստեղից էլ այն ստացավ իր անվանումը: Օլիմպիան սկսեցին համարել սրբավայր, և զինված մարտիկներին արգելեցին մտնել այնտեղ: Որոշեցին Օլիմպիական խաղերն անց կացնել ի պատիվ հունական ամենակարող աստծո` Զևսի:

Սկզբնական շրջանում Օլիմպիական խաղերի ծրագրի մեջ մտնում էին ընդամենը մի քանի սպորտաձևեր` վազք, երկարության ցատկեր, նիզակի կամ սկավառակի նետում, ինչպես նաև ըմբշամարտ: Յուրաքանչյուր մարզիկ պարտավոր էր մասնակցել այն բոլոր մրցաշարերին: Հետագայում ծրագրին ավելացրին մարտակառգերի վարումը, բռնցքամարտը և լրիվ մարտական պատրաստվածությամբ վազքը: Օլիմպիական խաղերի ժամանակ Հին Հունաստանում նույնիսկ բանաստեղծներն ու երաժիշտներն էին մրցում իրենց արվեստի շրջանակներում:

Այդ հեռավոր ժամանակներում Օլիմպիական խաղերին կարող էին մասնակցել միայն տղամարդիկ: Նրանք Օլիմպիա էին գալիս Հունաստանի բոլոր ծայրերից: Քանի որ այն ժամանակ չկային ոչ գնացքներ, ոչ մեքենաներ և, առավել ևս` ինքնաթիռներ, շատ մարզիկներ ստիպված էին մի քանի ամիս շարունակ քայլել մինչև Օլիմպիա: Բայց և այնպես, մասնակիցներն պատրաստ էին հաղթահարել ցանկացած դժվարություն, որպեսզի հասնեն Օլիմպիա: Չէ՞ որ անգամ հասարակ մասնակցությունն Օլիմպիական խաղերին` շատ պատվաբեր էր:

Քանի որ մարտիկները մրցում էին ոչ թե մեկ, այլ միանգամից մի քանի սպորտաձևերում, ակնհայտ է, որ հաղթողն էլ միայն մեկն էր լինում: Նրա գլխին դափնեպսակ էին դնում, որը հին հույների մոտ ավելի թանկ էր գնահատվում, քան ցանկացած թանկարժեք զարդ: Օլիմպիական խաղերն անց էին կացնում չորս տարին մեկ անգամ, և մրցաշարի ընթացքում դադարեցվում էին բոլոր պատերազմները:

Հունական թագավորությունն աստիճանաբար սկսեցին թուլանալ, իսկ նրանց մշակույթը` խամրել: Օլիմպիական խաղերն էլ մոռացվեցին: Բայց հետո, շատ դարեր անց, հնագետները հայտնաբերեցին հին մարզադաշտերի ավերակներ, և շատերն անմիջապես հետաքրքրվեցին վաղ օլիմպիական խաղերի պատմությամբ: Առաջին ժամանակակից Օլիմպիական խաղերը կայացել են 1896 թվականին` իրենց պատմական հայրենիք Հունաստանում:

Ժամանակակից Օլիմպիական խաղերի օրենքները մի քանի անգամ փոխվել են: Մրցաշարերի թիվն ավելացել են նոր սպորտաձևեր: Բայց Օլիմպիական խաղերի խորհրդանիշը` Օլիմպիական կրակը, մնացել է անփոփոխ: Հին հունական ավանդության համաձայն այն վառում են հյուրընկալող քաղաքում, մրցաշարից առաջ: Կրակը շարունակում է վառվել մինչև հաղթողների պարգևատրման արարողության ավարտը:

Ժամանակակից Օլիմպիական խաղերի կարգախոսը սկզբում եղել է լատիներեն լեզվով «Citius, altius, fortius» արտահայտությունը, որը թարգմանաբար նշանակում է «Ավելի արագ, ավելի բարձր, ավելի ուժեղ»: Այս արտահայտությունն առաջին անգամ օգտագործել է ֆրանսիացի քահանա Անրի Դիդոնը` իր քոլեջում սպորտային մրցույթի բացմանը: 1894 թվականին այն ընդունվեց որպես Օլիմպիական խաղերի 94 կարգախոս, որովհետև արտահայտում է մրցույթի ոգին: 2021 թվականին Օլիմպիական կարգախոսը փոխվեց՝ դառնալով «Citius, Altius, Fortius – Communiter", որ թարգմանվում է «Ավելի  արագ, ավելի բարձր, ավելի ուժեղ՝ միասին»:

Ինչպես Հին Հունաստանում, այնպես էլ ժամանակակից Օլիմպիական խաղերն իրենց մեջ ամփոփում են ժողովրդների միջև խաղաղության և միասնության խորհուրդը: Հենց դա է վկայում խաղի խորհրդանիշը՝ հինգ միահյուսված օղակները: Դրանք խորհրդանշում են հինգ աշխարհամասերի միասնությունը, քանի որ այսօր Օլիմպիական խաղերին մասնակցում են մարզիկներ՝ամբողջ աշխարհից:


1.    Ինչի՞ մասին է խոսվում տեքստի մեջ.

   • սպորտի տարբեր ձևերի մասին
   • Օլիմպիական խաղերի պատմության մասին


2.    Որտե՞ղ են առաջացել Օլիմպիական խաղերը.

   • Հին Հռոմում
   • Հին Հունաստանում


3.    Ինչպե՞ս է ընթում Օլիմպիական խաղերի նոր կարգախոսը.

   • Ավելի արագ, ավելի բարձր, ավելի ուժեղ՝ միասին:
   • Խաղաղություն՝ աշխարհիին:


4.    Ի՞նչ է իմաստավորում Օլիմպիական խաղերի խորհրդանիշը.

   • մարմնամարզական վարժություններ                95

- խաղաղություն և միասնություն ժողովուրդների միջև

5. Ինչո՞վ կարելի է փոխարինել «ամենակարող» բառը «Որոշեցին Օլիմպիական խաղերն անց կացնել ի պատիվ հունական ամենակարող աստծո՝ Զևսի» նախադասության մեջ.

- իմաստուն
- ուժեղ

6. Ո՞ր տարբերակն է իր իմաստով հակադիր «միասնության» բառին «Ինչպես Հին Հունաստանում, այնպես էլ ժամանակակից Օլիմպիական խաղերն իրենց մեջ ամփոփում են ժողովուրդների միջև խաղաղության և միասնության խորհուրդը» նախադասության մեջ.

- բարեկամության
- տարաձայնության

7. Լրացրե՛ք բաց թողնված բառերը.

                    ավարտվեց     միաժամանակ     արթնացնում

- Վերջապես առավոտյան վազքն ___________ :
- Այս երգը հիշողություններ է ___________ անցած ամառվա մասին:
- Լիլիթն ու Վահեն ___________ հատեցին վերջնագիծը:

# Մոդուլ 3.7

Վարպետ Անտոնիո Ստրադիվարիին ճանաչում էր ամբողջ Կրեմոնան։ Սրանից մոտավորապես երեք հարյուր տարի առաջ իտալական այս քաղաքի յուրաքանչյուր բնակիչ, ով գեթ մեկ անգամ առավոտ շուտ անցել էր սուրբ Դոմինիկի հրապարակով, բաց պատշգամբում անշուշտ տեսած կլիներ Ստրադիվարիի բարձրահասակ, նիհար կազմվածքը։

Կրեմոնում ասում էին, որ ըստ վարպետ Ստրադիվարիի կարելի է ստուգել ժամը։ Քաղաքը հազիվ էր արթնացել, նույնիսկ վաճառականները դեռ չէին բացել իրենց տաղավարների փեղկերը, իսկ ծեր վարպետն արդեն պատշգամբում էր։ Այնտեղ նա լաքապատում ու չորացնում էր իր գործիքները։ Չէ՛ որ Անտոնիո Ստրադիվարին շատ յուրահատուկ վարպետ էր։ Նա ջութակներ էր պատրաստում։

Ստրադիվարիի աշխատանքը դժվար թե կարելի էր արհեստ անվանել։ Դա իսկական արվեստ էր, իսկ միգուցե՝ կախարդանք։ Ջութակների հնչողությունը, որոնք պատրաստում էր այս վարպետը, կարելի էր ճանաչել իր անհավանական մաքրությամբ։ Գործիքը կարծես թե երգում էր։

Ինչ-որ մեկն ասում էր, որ խնդիրը մաթեմատիկական հաշվարկների մեջ էր, որոնք կատարում էր վարպետը։ Մյուսները կարծում էին, որ նրա հաջողությունը պայմանավորված էր նրա անհավանական հոտառությամբ, որով իր ստեղծագործությունների համար փայտ էր ընտրում։ Ոչ մի առաքիչ չէր համարձակվի նրան սովորական չոր, կարծր և, առավել ևս, հանգույցներով փայտ վաճառել։

Ստրադիվարին ամբողջ քաղաքում հայտնի էր իր հիվանդ ու պոռթկուն բնավորությամբ։ Այնուամենայնիվ, ներում էին նրան ամեն բան. և՛ ժլատությունը, և՛ կասկածամտությունը, և՛ կոպտությունը։

Ստրադիվարին վայելում էր ամբողջ Կրեմոնայի հարգանքն ու գովասանքը:

Իր երկար կյանքի ընթացքում Ստրադիվարին հասցրել էր բավականին կարողություն կուտակել: Լինելով գեղանկարչության մեծ սիրահար՝ կարողանում էր իրեն թույլ տալ իր համար նկարներ գնել: Բայց, ցավոք սրտի, վարպետի կյանքում ևս ամեն ինչ այնքան էլ հարթ չէր: Նրա արհեստանոցում, մյուս աշակերտների կողքին, աշխատում էին նաև նրա որդիները: Վարպետը երազում էր իր գործը փոխանցել որդիներին, ինչպես և մնացած աշակերտներին՝ սովորեցնում էր նրանց բծախնդիր կերպով: Բայց ցավոք, կամ որդիներին հետաքրքիր չէր ջութակագործությունը, կամ էլ բնույթունը նրանց չէր օժտել այն կախարդական տաղանդով, որ բաժին էր հասել իրենց հորը: Նրանք ջանասիրաբար կատարում էին Ստրադիվարիի բոլոր հանձնարարությունները, և գործիքները, որոնք նրանք ստեղծում էին, տարբերվում էին իրենց դիմացկունությամբ ու որակով: Բայց հասնել այնպիսի ինքնողության, որ ունեն մեծն Ստրադիվարիի ջութակները, նրանց մոտ չստացվեց, որքան էլ որ ջանացին:

Ինչպես և առաջ, վարպետն իր հանգստությունը գտնում էր ջութակ պատրաստելու գործում: Ընտրելով փայտը՝ նա մանրակրկիտ զննում էր կտրվածքի վրայի յուրաքանչյուր լարը, հարվածում էր նրան եղունգներով ու ափեղով, դնում էր ականջին ու ունկնդրում միայն իրեն լսելի անհայտ մեղեդին:

Ավելին, վարպետն ինքն էր պատրաստում լաքերը, որոնցով պատում էր ջութակները: Դրանց բաղադրության վրա նա աշխատել է իր ողջ կյանքի ընթացքում: Այդ գաղտնիքը նա չի բացել ոչ մեկի, նույնիսկ իր ամենատաղանդավոր աշակերտների համար: Լաքերը պահվում էին հատուկ սենյակում, որտեղ ոչ մեկին չէր թույլատրվում մտնել: Վարպետը սովորաբար այնտեղ էր մտնում գիշերով: Մի տեսակ լաքերով նա մշակում էր փայտը, որպեսզի բարելավի հնչողությունը: Մեկ այլ լաքով պատրաստի գործիքներին գեղեցիկ փայլ էր տալիս:

Ստրադիվարիի որդիները զարմանում էին, թե ինչու նա ոչ մեկի հետ չկիսեց իր գաղտնիքները: Իսկ վարպետ Ստրադիվարին քնքշանքով շոյում էր իր արհեստանոցից դուրս եկող հերթական ջութակը: Նա գիտեր, որ նույնիսկ դարեր անց իր ջութակները այրելու են, իսկ նրանց հետ այրելու է վարպետի իր անունը:


1.    Ինչի մասին է խոսվում տեքստի մեջ.


   • Վարպետ Ստրադիվարիի կյանքի մասին:
   • Ստրադիվարիի որդիների կյանքի մասին:


2.    Ինչու՞ էին Ստրադիվարիի աշխատանքն արվեստ անվանում.


   • Որովհետև նա գեղեցիկ էր ներկում ջութակները:
   • Որովհետև նրա պատրաստած ջութակների հնչողությունը կարելի էր ճանաչել իր անհատական մաքրությամբ:


3.    Ինչու՞ փայտավաճառները չէին համարձակվում Ստրադիվարիին վատ ապրանք առաջարկել.


   • Նրանք գիտեին, որ Ստրադիվարին իր զարմանալի հոտառությամբ կիասկանա, որ ապրանքը պիտանի չէ:
   • որովհետև նրանք խուսափում էին Ստրադիվարիի բարկությունից:


4.    Ստրադիվարին իր ո՞ր գաղտնիքն այդպես էլ չկիսեց ոչ մեկի հետ.

- Ինչպես չութակ նվագել:
- Լաքի պատրաստման եղանակը, որով պատում էր իր չութակները:

5.    Ինչո՞վ կարելի է փոխարինել «համարձակվի» բառը  «Ոչ մի առաքիչ չէր համարձակվի նրան սովորական չոր, կարծր և, առավել ևս, հանգույցներով փայտ վաճառել» նախադասության մեջ.

- Հանդգնի
- Հուսա

6.    Ո՞ր տարբերակն է իր իմաստով հակադիր «պոռթկուն» բառին «Ստրադիվարին ամբողջ քաղաքում հայտնի էր իր հիվանդ ու պոռթկուն բնավորությամբ» նախադասության մեջ.

- հարձակողական
- համերաշխ

7.    Լրացրե՛ք բաց թողնված բառերը.

վարակվեց    առաջարկեց    հակում ունի

- Սարգիսի պապիկը ___________ վիճելու:
- Իննան ձմերուկի պաղպաղակ ___________ մեզ:
- Մայրիկն աստիճանաբար ___________ Կալիֆորնիա գնալու գաղափարով:

# Մոդուլ 3.8

—Հե՛նրի, ճաշելու ժամանա՛կն է, — ինչեց տղամարդու ձայնը: Ուղտերի անասնանոցի մոտ կանգնած Սամվելը շրջվեց: Գազարով լի դույլը ձեռքին` անասնանոցին մոտեցավ կենդանաբանական այգու աշխատակիցը:

—Հե՛նրի, արի՛ այստեղ, — ասաց նա:

—Ու՞մ է նա կանչում, — հարցրեց տղան մայրիկին:

—Հիմա կիմանանք, — պատասխանեց նա:

—Հենրին մեր ուղտն է, — բացատրեց նրանց մոտեցող աշխատակիցը: —Ճաշելու ժամն է, իսկ նա գազար շատ է սիրում:

Սամվելը հետ շրջվեց` նայելու ուղտին: Վերջինս այդ ժամանակ ուշադիր նայում էր ինչ-որ փոքրիկի, որ բավականին մոտեցել էր արգելապատին: Այս տեսարանը Սամվելին շատ հուզիչ թվաց:

Այդ ժամանակ մի տղամարդ անհանգստացած վազեց դեպի երեխան` ասելով. «Ես քեզ ասացի` մոտիկ չգնա՛լ»: Փոքրիկին մի կողմ քաշեցին:

—Ինչու՞ այս մարդն այդպես նյարդայնացավ, — հարցրեց Սամվելը: —Չէ՞ որ ուղտը գիշատիչ չէ, չի կծում:

—Բայց ուղտը կարող է թքել, — բացատրեց մայրիկը:

Սամվելը զարմացած նրան նայեց, որովհետու մինչ այդ կարծում էր, որ միայն մարդիկ կարող են թքել:

—Երբ ուղտը վտանգ է զգում, նա թքում է, որ վախեցնի թշնամուն, — մանրամասնեց նրանց կողքին կանգնած կենդանաբանական այգու աշխատակիցը: — Դա, իհարկե, ցավոտ չէ, բայց շատ տհաճ է:

—Իսկ դու գիտե՞ս, որ ուղտն իր հետ միշտ սառնարան է կրում, — չգիտես կատակ՞ կ, թե լուրջ` հարցրեց աշխատակիցը: 

—Այդ ինչպե՞ս..., — ավելի շատ զարմացավ Սամվելը:

—Տեսնու՞մ ես նրա մեջքի սապատը: Ուղտն այնտեղ ճարպի պաշար է պահում: Երբ ուղտն ստիպված է լինում անապատով երկար ճանապարհորդություն կատարել, որտեղ ոչ մի տեսակ սնունդ չկա, նա օգտագործում է այդ ճարպը, որ միշտ էներգիայով լեցուն լինի: Ինչպես և մենք, երբ բացում ենք սառնարանը, որպեսզի այնտեղից յոգուրտ կամ խնձոր հանենք և վերականգնենք մեր ուժերը երկար զբոսանքից հետո:

—Իսկ ինչու՞ են ուղտերը քայլում անապատով, — հարցրեց Սամվելը: — Չէ՞ որ այնտեղ շոգ է և ջուր չկա: Ու երևի անելու բան էլ չկա:

—Մերձավոր Արևելքի շատ երկրներում վաղուց են ճանապարհորդության ժամանակ ուղտերին օգտագործում որպես ձիեր: Դա շատ հարմար էր, որովհետև անհրաժեշտ չէր իրենց հետ լրացուցիչ սնունդ վերցնել կենդանիների համար: Ասեմ նաև՝ ուղտը շատ դիմացկուն է և կարող է իր վրա մեծ քանակությամբ բեռ տանել:

—Բայց նրանք, երևի թե, շատ ավելի դանդաղաշարժ են քան ձիերը, — ենթադրեց Սամվելը:

—Բոլորովին էլ այդպես չէ, — պատասխանեց կենդանաբանական այգու աշխատակիցը: — Ուղտերը, չնայած խոշոր ու զվարճալի տեսք ունեն, պետք եղած ժամանակ կարող են ոչ պակաս արագ շարժվել, քան ձիերը:

Սամվելը կրկին շրջվեց՝ ուղտին նայելու: Հետաքրքիր էր պատկերացնել, թե այդպիսի լուրջ, դանդաղկոտ հսկան մի ինչ-որ շոգ երկրում, անապատի ավազների միջով, ինչպես է իր մեջքին տանում հակերը:

Այդ ժամանակ Հենրին մոտեցավ այն տեղին, որտեղ զրուցում էին Սամվելը, նրա մայրը և այգու աշխատակիցը: Հենրին բազմանշանակ հայացքով չափում էր զգարով լի դույլը:

—Բողոքեց, — քրքջաց կենդանաբանական այգու աշխատակիցը:
— Երևում է՝ քաղցած է: Գնամ՝ կերակրեմ:

Նա բացեց վանդակաճաղ դուռը:

—Իսկ ձեր վրա նա չի՞ թքի, — անհանգստացավ Սամվելը:

—Ոչ, — ժպտաց աշխատակիցը: — Մենք նրա հետ արդեն շատ տարիներ ընկերություն ենք անում. այն ժամանակից ի վեր, երբ նրան մեր կենդանաբանական այգին բերեցին:


1.    Ինչի՞ մասին է խոսվում տեքստի մեջ.

*    Սամվել անունով տղայի և Հենրի ուղտի ծանոթության մասին կենդանաբանական այգում:
*    Այն մասին, թե որքան վտանգավոր են ուղտերը:


2.    Ինչու՞ են ուղտերը թքում.

*    Ուղտերը թքում են, երբ քաղցած են լինում:
*    Ուղտերը թքում են, երբ վտանգ են զգում՝ փորձելով վախեցնել թշնամուն:


3.    Ինչու՞ կենդանաբանական այգու աշխատակիցը ուղտի սապատը համեմատեց սառնարանի հետ.

*    Իրենց սապատի օգնությամբ ուղտերը հովանում են:
*    Սապատի մեջ ճարպի պաշար է պահվում, որտեղից ուղտը կարող է կենսական նյութեր ստանալ:

4. Ինչու՞ էին մարդիկ հաճախ ուղտեր օգտագործում անապատով ճանապարհորդելու ժամանակ.

- Որովհետև ուղտերը ուժեղ են ու դիմացկուն, և նրանց համար պետք չէ իրենց հետ սնունդ վերցնել:
- Որովհետև ուղտերը կարողանում են ավելի արագ շարժվել, քան ուրիշ կենդանիները:

5. Ինչո՞վ կարելի է փոխարինել «գրուցում էին» բառը «Այդ ժամանակ Հենրին մոտեցավ այն տեղին, որտեղ գրուցում էին Սամվելը, նրա մայրը և այգու աշխատակիցը» նախադասության մեջ.

- խոսում էին
- վիճում էին

6. Ո՞ր տարբերակն է իր իմաստով հականիշ «վախեցնի» բառին «Երբ ուղտը վտանգ է զգում, նա թքում է, որ վախեցնի թշնամուն» նախադասության մեջ.

- սարսափեցնի
- գրավի

7. Լրացրե՛ք բաց թողնված բառերը.

սիրած զբաղմունքի     սովորեցի     հետևել

- Դպրոցում պետք է ______________ վարքագծի կանոններին:
- Ինձ շատ տնային աշխատանք էին հանձնարարել, և այլևս ժամանակ չմնաց իմ ______________ համար:

104

- Ես ______________ «պղպնեզ» կոչվող պարը:

# Մոդուլ 3.9

Մի անգամ մայրիկն ու հայրիկը շատ հուզված տուն եկան:

—Մենք տոմսե՛ր ենք գնել լապտերների փառատոնի համար, — հայտնեցին նրանք երեխաներին:

Մարկն ու Ռոբբին միմյանց նայեցին: Նրանք գիտեին, որ փառատոնը մի իրադարձություն է, երբ մարդիկ հավաքվում են, երաժշտություն են լսում և ուրախանում: Բայց ինչ կապ ունեն այստեղ լապտերները:

—Դրանք սովորական լապտերներ չեն, — բացատրեց հայրիկը: — Դրանք պատրաստում են թղթից և քաշում են փայտից պատրաստված թեթև շրջանակի վրա: Իսկ փառատոնի ժամանակ բոլոր հավաքվածները բաց են թողնում երկնքում իրենց լապտերները:

Հետո մայրիկը հայտնեց, որ փառատոնը անց է կացվելու անապատում: Մարկն ու Ռոբբին անապատի մասին շատ էին լսել, բայց նախկինում երբեք այնտեղ չէին եղել: Տղաներն այրվում էին անապատ գնալու, լապտեր թռցնելու ցանկությունից:

Փառատոնի օրն ամբողջ ընտանիքը տնից դուրս եկավ լուսաբացին: Ճանապարհը հեռու էր ծգվում, և կեսօրին մոտ Մարկն ու Ռոբբին անհանգստացան, որ կարող են բաց թողնել փառատոնի սկիզբը: Բայց մայրիկն ու հայրիկը հանգստացրին նրանց` վստահեցնելով, որ փառատոնն սկսվում է միայն երեկոյան:

—Ինչու՞, — զարմացան տղաները:

—Կտեսնե՛ք, — խորհրդավոր ձեռքով պատասխանեց մայրիկը:

Ընտանիքը փառատոնի անց կացման վայր ժամանեց մթնշաղին։ Դաշտում շատ ժողովուրդ էր հավաքվել, իսկ մասնակիցները դեռ շարունակում էին ժամանել։ Հայրիկը գետնին փռեց փոքր գորգը, և ամբողջ ընտանիքը տեղավորվեց նրա վրա։ Հետո նրանք սկսեցին ուսապարկերից հանել նախորոք պատրաստած թղթե լապտերները։ Մարկն ու Ռոբբին օգնեցին ծնողներին՝ ամրացնել լապտերները փայտյա կոնստրուկցիայի վրա։

—Իսկ մեր ինչի՞ն է պետք լուցկին։ Եվ ի՞նչ այրիչ է սա, — հետաքրքրվեց Ռոբբին։

Եվ ահա այստեղ էր, որ ծնողները պատմեցին ամենագարմանալին։ Պարզվում է, որպեսզի լապտերները օդ բարձրանան, կրա՛կ է անհրաժեշտ…Դրա համար էլ յուրաքանչյուր լապտեր այրիչ ուներ, որը վառում էին։ Ջերմության շնորհիվ լապտերի ներսում օդը տաքանում է, դառնում է ավելի թեթև, և այդ պատճառով էլ այն թռչում է։ Քանի դեռ այրիչում կրակը չի մարել՝ լապտերը ճախրելու է երկնքում։

Ոչ մեծ բեմի վրա, հավաքված մասնակիցների առջև հայտնվեց

հաղորդավարը՝ բարձրախոսը ձեռքին։ Նա պատմեց թղթե լապտերների մասին հին չինական լեգենդը։ Մի անգամ, կռվի ժամանակ, ռազմական ղեկավար Չժուգե Լյանը հայտնվեց շրջապատման մեջ։ Նա չէր կարողանում իր դաշնակիցներին լուր տալ, որ իրեն հավելյալ ուժեր ուղարկեն։ Դրա համար նա օդային լապտերներ արձակեց երկինք՝ հույս ունենալով, որ դրանք կհասնեն իր զինակիցներին։ Հարյուրավոր տարիներ լապտերներն օգտագործում էին պատերազմի ժամանակ՝ որպես հաղորդակցման միջոց։

Հետագայում Չինաստանում սովորույթ դարձավ այդպիսի լապտերներ արձակել Նոր տարուն։ Մարդիկ ցանկություն էին պահում և միաժամանակ երկնքում բաց թողնում լապտերը։ Կարմիր լապտերներն արձակում էին հաջողության համար, նարնջագույնը՝ փողի, իսկ սպիտակը՝ ամուր առողջության համար: Այսօր այդ սովորույթը գոյություն ունի նաև այլ աշխարհամասերում: Երբեմն մարդիկ պարզապես գրում են իրենց ցանկությունը թղթի վրա և ամրացնում այն լապտերին:

Արդեն բոլորովին մթնել էր: Շուրջը մարդիկ սկսեցին գրել իրենց ցանկությունները և ամրացնել դրանք լապտերներին: Մարկն ու Ռոբբին հետևեցին նրանց օրինակին:

—Բա՞ց թողնենք, — հարցրեց Ռոբբին, երբ նրանք պատրաստ էին:

—Ո՛չ հիմա, — գլուխը տարուբերեց հայրը: — Պետք է սպասենք դեկավարի ազդանշանին:

Այժմ արդեն նրանց շրջապատող դաշտն ամբողջությամբ լուսավորվել էր վառվող լապտերներից: Դեկավարը բոլորին խնդրեց պատրաստվել և սկսեց հետհաշվարկը: Փառատոնի մասնակիցները բոլորը մի մարդու նման հաշվեցին տասից մինչև մեկը:

Եվ ահա, հարյուրավոր վառվող լապտերներ միաժամանակ երկինք սավառնեցին: Երկինքը լուսավորվեց կրակների առկայծումից: Թվում էր, թե փերիների կամ լուսատտիկների բազմությունն է թռել-եկել անապատ՝ տոնախմբության: Լապտերներն ավելի էին բարձրանում՝ իրենց հետ տանելով ամենասուրբ երազանքները՝ հետևից թողնելով հեքիաթային հույսը:


1.    Ինչի՞ մասին է խոսվում տեքստի մեջ.


*    լապտերների փառատոնի մասին
*    անապատի փառատոնի մասին

2.   Ինչի՞ համար է անհրաժեշտ այրիչը լապտերների կոնստրուկցիայի մեջ.


•   Նրա համար, որ թշիչի վերջում լապտերն այրվեր:

•   Այրիչց եկող ջերմության շնորհիվ լապտերի մեջ օդը տաքանում է, դառնում ավելի թեթև, և դրանից էլ լապտերը թռչում է:


3.   Ի՞նչ նպատակով էին օգտագործվում թղթե լապտերները պատմության մեջ.


•   Հարյուրավոր տարիներ շարունակ լապտերներն օգտագործել են հաղորդակցության համար:

•   Որպես լուսավորության միջոց:


4.   Ամանորյա ո՞ր ավանդույթն է ծագել Չինաստանում կապված լապտերներ բաց թողնելու հետ.


•   Լապտերների օգնությամբ նամակ ուղարկելու ավանդույթը:

•   Երազանք պահելու և միաժամանակ լապտերը երկինք բաց թողնելու ավանդույթը:


5.   Ինչո՞վ կարելի է փոխարինել «սավառնեցին» բառը «Եվ ահա, հարյուրավոր վառվող լապտերներ միաժամանակ երկինք սավառնեցին» նախադասության մեջ.


•   Կրակեցին

•   Թռան

6. Ո՞ր տարբերակն է իր իմաստով հակադիր «դաշնակիցներին» բառին «Նա չէր կարողանում իր դաշնակիցներին լուր տալ, որ իրեն հավելյալ ուժեր ուղարկեն» նախադասության մեջ.

- հակառակորդներին
- ընկերներին

7. Լրացրե՛ք բաց թողնված բառերը.

տարակուսած   բացեցին   Չուսով եմ

- Ներկայացումը ____________ հայտնի ակրոբատի ելույթով:
- Ուսուցիչը որոշ չափով ___________ էր աշակերտի հարցերից:
- ___________ , որ երեխաներին շախմատ խաղով հետաքրքրելը հեշտ կլինի:

## Մոդուլ 3.10

Ավելի քան մի շաբաթ է՝ մեծ այծքաղներն իրենց ինչ-որ տարօրինակ են պահում: Նրանք խմբերով հավաքվում էին արոտավայրերում և անհանգիստ կերպով ինչ-որ բանի շուրջ շշնջում: Փոքրիկ գնու այծքաղիկի ականջին էին հասնում «շուտով» և «արդեն ժամանակն է» բառերը, բայց հասկանալ, թե ինչի մասին էին խոսում մեծերը՝ նա չէր կարողանում: Մի անգամ նա լսեց «միգրացիա» բառը: Այդպիսի բառ նա չգիտեր, դրա համար էլ քաջություն հավաքեց և մոտեցավ մեծերին:

—Ի՞նչ բան է միգրացիան, — հարցրեց նա: — Ինչու՞ են մեծերն իրենց այդպես տարօրինակ պահում: Մենք վտանգի մե՞ջ ենք:

Վտանգի մասին փոքրիկ ձունւ այծքաղիկը ծնողներից էր իմացել: Ծնված օրից նրանք իրեն պատմում են առյուծների և ուրիշ գիշատիչների մասին, որոնք բնակեցրել են տեղանքը: Եթե կտրվես նախրից կամ էլ հապաղես, գիշատիչները կարող են քեզ ուտել: Փոքրիկ ձունւ իր աչքով միայն մի անգամ էր առյուծ տեսել, այն էլ հեռվից ։ Վերջինս նրան բավականին սարսափելի թվաց՝ չնայած, որ ծույլորեն պառկած էր ծառի տակ:

Ի պատասխան փոքրիկ ձունի հարցին՝ մեծ այծքաղներն իրար նայեցին:

—Շուտով կիմանաս, — վերջապես պատասխանեց ավագը: — Իսկ առայժմ գնա՛ խաղա:

Փոքրիկ ձունն ենթարկվեց: Նա արդեն գիտեր, որ եթե մեծերը որոշել են ինչ-որ բան չասել, ուրեմն երկար հարցեր տալն իմաստ չունի: Դրա համար էլ նա որոշեց սպասել, մինչև որ նրանք իրենք ամեն ինչ պատմեն:

Եվ ահա, վերջապես այդ օրը եկավ: Այծքաղների ավագը հավաքեց ամբողջ նախիրը, նույնիսկ նորաթուխ ձագուկներին, և ասաց, որ վաղը իրենք ճանապարհ են ընկնում ամենամյա միգրացիայի դեպի Սերենգետիի: Այծքաղները պետք է պատրաստվեին և իրենց ձագուկներին պատմեին՝ ինչպես իրենց ճիշտ դրսևորեն երկար տեղափոխության ընթացքում:

Փոքրիկ ձունն գիտեր, որ Սերենգետիին մի վայր է, որտեղ իրենք ապրում են: Այդ անծայրածիր տարածությունները,մարգագետինները, ձահիճները, անտառները, ամենամոտ ծառից մինչև հորիզոն և ավելին՝ այս ամենն է Սերենգետիին:

—Ինչու՞ մենք պետք է այստեղից գնանք, — այդ երեկո հարցրեց փոքրիկն իր մայրիկին: — Չէ՞ որ սա մեր տունն է:

—Տարվա այս եղանակին այստեղ քիչ է լինում ուտելիքը, — պատասխանեց մայրը: — Եթե մենք մնանք, մեզ չի բավականացնի խոտը, մենք կթուլանանք և առյուծների հիման զոհը կդառնանք: Իսկ այնտեղ, ուր մենք գնում ենք, շատ-շատ խոտ կա հիմա, և մեզ երկար կներիքի:

—Դու եղե՞լ ես այնտեղ նախկինում:

—Իհա՛րկե: Ե՛վ ես, և՛ քո հայրը, և՛ քո բոլոր ավագ եղբայրներն ու քույրերը: Մենք ամեն տարի կատարում ենք այս տեղափոխությունը: Մի՛ անհանգստացի, քեզ դուր կգա նոր տեղը:

—Իսկ ե՞րբ ենք մենք հետ գալու:

—Հենց որ սկսվեն անձրևները:

Հաջորդ առավոտ ամբողջ նախիրը ճանապարհ ընկավ:

Փոքրիկ գնուն գիտեր, որ ստիպված են լինելու քայլել մի քանի ամիս շարունակ, և ճանապարհը դյուրին չի լինելու:

—Բայց փոխարենը, դու կտեսնես Սերենգետիի ամբողջ գեղեցկությունը, — խոստացավ մայրիկը:

Եվ նա իրավացի էր: Փոքրիկ գնուն հաճախ էր լսել մեծերից, թե որքան գեղեցիկ է իրենց երկիրը, ինչքան մեծ է, և որքան տարբեր կենդանիներ են այնտեղ ապրում: Բայց հիմա նա իր սեփական աչքերով էր նայում այդ հարստությանը և ամբողջ ժամանակ մտածում էր, թե որքան է իր բախտը բերել` ծնվել այսպիսի գեղեցկության մեջ:

Ճանապարհին նրանք հանդիպեցին այծքաղների ուրիշ նախիրների: Լուրեր փոխանակեցին, պատմեցին, թե ինչպես է անցնում տեղափոխությունը, իսկ հետո շարունակեցին իրեց ճանապարհը:

Մի անգամ նրանց զեբրեր հանդիպեցին: Նրանց բծերը փոքրիկ գնուին շատ զվարճալի թվացին: Զեբրերն առյուծների նման վտանգավոր չէին, դրա համար էլ մայրիկը նրան թույլ տվեց խաղալ իր նման փոքրիկ զեբրիկի հետ: Վերջինս պատմեց իրեն, որ զեբրերը, այծքաղների նման, ամեն տարի տեղափոխություն են կատարում Սերենգետիից: Եվ որ իրենց հետ միասին գնում են նաև այդ տեղանքի շատ ուրիշ բնակիչներ:

—Այդ երթը կոչվում է « Մեծ գաղթ», — լուրջ տոնով հայտարարեց փոքրիկ զեբրիկը:

Փոքրիկ գնուն արդեն չէր հիշում, թե ինչքան ժամանակ էին քայլել, երբ նրանց ճանապարհը կտրեց մի գետ:

—Մա՛րան, Մա՛րան — աղմկեցին մեծերը:

—Պատրաստվի՛ր, — ասաց մայրիկը: — Սա քո առաջին լուրջ փորձությունն է չափահաս կյանքում:

Մայրիկը պատմեց, որ այն տեղը, ուր իրենք գնում են, գտնվում է Մարա գետի մյուս ափին: Եվ այնտեղ հասնելու միակ ճանապարհը՝ գետը կտրել- անցնելն է: Միայն ուժեղ ու համարձակ այծքաղները կարող են անցնել մյուս կողմը, որոնք չեն վախենում խեղդվելուց:

Այծքաղները հավաքվեցին ափին: Բոլորը սպասում էին ավագի ազդանշանին: Եվ ահա, առաջին այծքաղը ցատկեց ջրի մեջ: Մյուսները հետևեցին նրան: Նրանք ցատկում էին ջրի մեջ՝ առանց կանգ առնելու, և ոչ մեկը չէր վարանում: Փոքրիկ գնուն մի տեսակ զգաց. չէ՞ որ նախկինում նա երբեք չէր տեսել այդպիսի լայն ու հուժկու գետ: Բայց նա ուզում էր՝ բոլորն իմանան, որ ինքը նույնքան ուժեղ ու համարձակ է, որքան իր ցեղակիցները: Դրա համար էլ, երբ հասավ իր հերթը, նա նույնպես նետվեց գետը:

Սկգբում թվում էր, թե իրեն ներքև են քաշում: Փոքրիկ գնուն փակեց աչքերը: Բայց այստեղ նա զգաց, որ իրեն քշում է ջուրը, իսկ կողքին լողում էր ինչ-որ մեկը: Նա բացեց աչքերը և տեսավ մայրիկին: վերջինս թեթևակի ժպիտով արեց. կարծես ուզում էր քաջալերել նրան:

Երբ նրանք ցամաք հասան և կանգ առան` շունչ քաշելու, մայրիկն ասաց.

—Ապրե՛ս, փոքրի՛կ, այսօր դու դարձար իսկական հասուն զուլ այծքաղ:

Փոքրիկ զուլն նայեց շուրջը: Երկար մոռններով առաջ էր ձգվում հարթավայրը` ծածկված ոչ բարձր խոտերով:

—Մայրի՛կ, սա ի՞նչ տեղ է:

—Սա քո նոր տունն է, փոքրի՛կ:


1.    Ինչի՞ մասին է խոսվում տեքստի մեջ.


•    Փոքրիկ զուլի մասին, որն իր կյանքում առաջին անգամ մասնակցեց Մեծ գաղթին:
•    Փոքրիկ զուլի մասին, որ հազիվ փախավ գիշատիչներից Սերենգետիի հարթավայրերում:


2.    Ինչու՞ են Սերենգետիում ապրող շատ կենդանիներ մասնակցում Մեծ գաղթին.


•    Որովհետև գալիս է անձրևների շրջանը, և կենդանիների բնակատադին հեղեղվում է ջրով:
•    Գալիս է մի եղանակ, երբ կենդանիների սնունդը չի բավականացնում, և վերջիններս ստիպված են լինում նոր տարածք տեղափոխվել` սնունդ հայթայթելու նպատակով:


3.    Ինչու՞ փոքրիկ զուլի մայրը Մարա գետի նրա անցումը կոչեց առաջին լուրջ փորձություն.

- Որովհետև լայն ու բուռն Մառա գետը հատելը շատ դժվար ու վտանգավոր գործ է:
- Որովհետև փոքրիկ ձկնիկ ծնունդի ծննդյան օրը համընկավ Մառա գետի հատելու հետ:

4. Ինչո՞ւ փոքրիկ ձկուն նետվեց գետը, որի տեսքից նա մի տեսակ էր զգում.

- Փոքրիկ ձկուն վախենում էր, որ իր վրա կծիծաղեն, եթե ինքը վախենա ու հրաժարվի անցնել Մառան:
- Փոքրիկ ձկուն ուզում էր՝ բոլորն իմանան, որ ինքը նույնքան համարձակ ու ուժեղ է, որքան իր ցեղակիցները:

5. Ինչո՞վ կարելի է փոխարինել «միգրացիայի» բառը «Այծքաղների ավագը հավաքեց ամբողջ նախիրը, նույնիսկ նորաթուխ ձագուկներին, և ասաց, որ վաղը իրենք ճանապարհի են ընկնում ամենամյա միգրացիայի դեպի Սերենգետի» նախադասության մեջ.

- վերաբնակեցման
- որսի

6. Ո՞ր տարբերակն է իր իմաստով հականիշ «համարձակ» բառին «Միայն ուժեղ ու համարձակ այծքաղները կարող են անցնել մյուս կողմը, որոնք չեն վախենում խեղդվելուց» նախադասության մեջ.

- վախկոտ
- քաջ

7.  Լրացրե՛ք բաց թողնված բառերը.

հիացմունքով    մի տեսակ զզացի    սրընթաց

- Ես ինձ ____________ այդ վայրենի ազմուկից, որ լսվում էր բարանձավից:
- Զբոսաշրջիկները ____________ նայում էին թանգարանի նկարագարդ առաստաղին:
- Ուժեղ քամի բարձրացավ, և ամպերը ____________ շարժվեցին երկնքում: